UNLOCK THE SECRET TO ACHIEVING ANY GOAL
AND THRIVING IN BUSINESS AND LIFE

6% 俱樂部

贏過94%人的高效能實證法則

The 6% Club

MICHELLE ROZEN
蜜雪兒・羅森 著
陸澤昕——譯

這本書獻給亞當（Adam），
那個已經與我攜手共度二十八年的人。

1 PART

你的秘密潛能

CONTENTS

2 PART

做出改變的秘訣

CHAPTER 4 如何真正設立目標

CHAPTER 5 0—10原則

CHAPTER 6 具體法則

3 PART

你的人生即將改變

CHAPTER 7
6%俱樂部的秘訣和竅門

CHAPTER 8
歡迎來到6%俱樂部！

前言

PREFACE

我決定釐清什麼，這又會如何改變你的人生

已經有超過十年的時間，我持續研究、書寫，並且向世界各地的觀眾談論有關改變的議題。幾年前，我在德克薩斯州的一場活動得到了「改變博士」（The Change Doctor）的稱號，從此之後，這個稱號便一路和我相伴至今。我的整個職業生涯，都對幾個簡單的問題感到著迷：人們行為背後的驅動力是什麼？是什麼驅使他們做出某些事情？反過來，又是什麼驅使了他們不去做某些事情？

在二〇二三年一月，我開始進行一項研究計畫，研究結果令我大吃一驚。這項研究聚焦在那些許下新年新希望，承諾在未來一年的生活中，實現各種改變的人身上。你知道的，一年之中你總有信誓旦旦的時候——你發誓你要變得更健康、理財更有方、對生

活更有參與感、對孩子更有耐心、去做你說了好久的事情。我想更深入探討這件事，我想知道，這些人在接下來的半年內，從一月到六月之間，他們所設下的目標到底發生了什麼事情。

我在第一章會談到這項調查的結果，這個結果深深震撼了我，也促使我寫下了這本書。我是為你而寫的。我希望你對此有所覺察，也希望你可以擁有實現工作和生活目標所需的工具。

因此，我把我傳授給世界高層領導者的秘訣通通整理出來，內容關於如何確實改變自己的事業與人生，不只是空談，而是實際讓美夢成真，持之以恆的方法。這些年來，我見證過許多人使用這些工具，成功改變了他們的事業和人生。而現在，我也把這些秘訣傳授給你。

在這本書裡，我會向你分享我所知道的一切，還有我曾經教導過世界上數一數二的成功人士的內容。這就是你的成功指南。好好閱讀，讀完之後再讀一遍。

只要能夠知道如何改變生活，藉此達成你渴望看到的結果，你就會徹底顛覆遊戲規則。你的人生將迎來最美妙的改變。你在這趟旅途中並不孤單。

這本書就在這，它會陪你攜手向前。我也在這，我會牽著你的手，伴你走過這一程。

你準備好開始了嗎？

我為你感到興奮！

蜜雪兒・羅森　敬上

PART

1

•

你的
秘密潛能

多數人總是一遍又一遍地作出同樣的選擇，
而且往往沒有自覺。
是時候做點不一樣的事了。

1
CHAPTER
讓我大吃一驚的研究

下定決心做出改變，迎接全新的開始。回想一下你人生中的那些時刻，好像光是把這幾個字說出口，就有一股興奮的感覺。你興奮不已，決定每天上健身房、更有耐心、存更多錢，或更有意識地專注在自己的職涯或事業上。你會完成這個學位，你會寫完這本書，你還會開始優先考慮自己，然後為自己設立界限。

1 你承諾過要做出改變，那現在呢？

很多人不斷許下承諾，發誓他們要去做「那件事」。他們要每天上健身房、健康飲食、存錢、賺更多錢、減肥、對生活更有參與感、當個更好的父母、有更多的耐心。這個清單可以一直列下去，你隨便舉個例，都有人發誓過要這麼做。我打賭你也做過一樣的事。

我很久以前就意識到，多數人講完自己要做什麼事，沒多久他們就會放棄。人們往往會對自己許下重大承諾，感覺自己馬上要迎來令人興奮的全新改變，但是不出幾個月，他們又開始喝酒，不運動，或是回歸以往的處事方式。

我擔任勵志演說家已經超過十年，每年都會對數萬人進行演說。每次專題講座或演講結束後，人們都會跟我說：「噢，我想做這件事很久了。」「我離婚後已經有十年沒和我的小孩說過話。」「我沒跟任何人說過，我有進食障礙。」「我有一個學位還沒念完。」我可以看到他們眼中的痛苦；我可以體會這些帶來了多少挫折；當他們告訴我自己受夠了，我可以聽出他們聲音裡的真誠。但是他們談論的改變很少真的實現。

我確定這也發生在你身上過。你有一件想做的事，有想要做出的改變，但是人生跑來礙事，讓它永遠無法實現。我知道這有多氣人。

人生很短，好的改變往往會一個接一個地建立，而且一旦累積起來，便會帶來巨大的影響。同樣地，沒做出的改變也會逐漸累積，讓你的人生感覺停滯不前、令人沮喪。

在大自然裡，凡是無法生長的一切，都會崩解、消亡。我們做為人類，來到這顆星球上，是為了成長和進化，並且隨著時間發展，學習如何在各方面都做得更好。當你擁有更高的覺察力、更深的正念、更強的能力，還能達到自己設下的任何目標，人生也會隨之變得更加美好。當你好好掌控自己的生活——自己的行動、選擇和生活方式，你就能實現自己想要的一切。

目標。每個人都會把這個字掛在嘴邊，卻很少有人能夠真正理解它的意思。我們來聊聊這件事吧。你有沒有想過，自己在求學生涯中從來沒有學過關於設定目標的觀念？我們學了歷史、數學、科學，但除非有幸得到某人傳授，不然我們從來不會學到最重要的東西。你有在任何一堂課學過如何設定目標嗎？或是如何持之以恆、如何培養正念、如何處理人際關係、如何處理你和你自己的關係，還有如何改變你不喜歡的地方？

我打賭你沒有。

想像一下，如果你在高中，真的上了一堂課，教你如何設定目標、如何有意識地採取行動、如何和生活中不同類型的人交流，那會怎麼樣？那會產生多大的影響？

你看，光只是寫下目標還不夠，你需要了解如何正確設定目標。幾年前，我最小的女兒才五年級，有天她回家時，給我看老師要他們寫下的新年目標。她是這麼寫的：

我會成為更好的學生。
我不會忘記我的作業。
我上課時會少說一點話。

我看著她的紙，然後對自己說：「裡面沒有一項會實現，不是這樣做的。」

再看一下那份清單。舉例來說，你要怎麼量化第一個目標，怎麼知道有沒有達成？什麼東西會讓她成為「更好的學生」？她是要更專注、學習時間更長、上課更專心、更認真聽講、更積極參與、拿到更好的成績，還是對課題進行獨立研究，才能成為更好的學生？我的女兒到底在追求什麼，裡面沒有一個具體的想法。

我寄了封信給老師，說：「我想去學校教孩子們如何設定目標。」

「沒關係，」老師說。「孩子們已經設定好新年目標了。」

很遺憾地，老師和孩子們都沒有意識到自己欠缺什麼。我想到那些班上的孩子，也想到那些注定不會被實現的「目標」。這再次讓我體會到，目標落空、人生卡關、達不到自己對職涯、健康、人際關係、財務、事業，或任何其他理想的期待，而為此感到挫敗——這些都不是我們應該接受或學會妥協的事情，而是需要改變的狀況。

2 我決定研究的東西，以及它對你的重要性

我還記得自己下定決心進行這項研究的那天，研究結果促使我寫下此時你正在閱讀的這本書。當時人們排著長長的隊伍等待簽書，輪到了一位女士。她看著我說：「我叫海倫（Helen），我已經十五年沒有運動了。我聽了妳的

話，剛剛在觀眾席下單了一台跑步機。我定了計畫，我知道該怎麼做，我不要再因為忽視身體健康而生自己的氣。」

我要她傳照片給我，持續向我更新近況。接下來超過一年，她時不時就會傳來自己在跑步機上對我微笑的照片。我看得出來她有多自豪和健康。

同一天，一位先生告訴我，過去十年來他的兩個女兒都和他十分疏遠。這讓他意識到自己該做出改變，他需要讓她們說出內心話，而且不論內容是什麼，都要好好處理。他不敢相信自己沒有早點這麼做，他說他過去十年來都在講自己想做這件事，然後他剛剛趁中場休息傳了訊息給她們，計畫禮拜六來把話講開。

我在回程的飛機上，默默心想：**怎麼回事？是什麼因素導致人們一次又一次地願望落空？**

世界上有太多人為此受苦，看著自己希望實現的事情一次次搞砸，從運動、多吃蔬菜這些小事，到修補破裂關係、轉換職場、創業或擴大事業規模，或是讀書進修這類大事。

我需要搞清楚到底發生了什麼事，然後釐清問題有沒有我想的那麼嚴重。

畢竟如果我能搞懂這些，我就可以幫助人們持之以恆，完成自己生命中的各種願景：不管是職涯、事業、人際關係、健康、身材、金錢，或其他你想得到的一切。我一定要把這件事搞清楚。

3 研究結果為什麼讓我大吃一驚

我捲起袖子，開始幹活。我調查了一千個承諾在生命中做出改變的人，年齡落在二十歲到六十歲之間，改變範圍包括健康、身材、金錢、職涯或事業，還有人際關係。我從一月持續調查到六月，想知道他們的計畫後續發展如何，是不是真的有持之以恆？

你知道那種感覺嗎？一月的時候還對來年充滿興奮，向自己保證要活出有史以來最棒的一年。我們都有過這種時候。但後來發生了什麼事？

六月時，我分析完調查結果，然後大吃一驚。在一千名調查對象中，有94%的人二月底就宣告計畫失敗。

意思是有94%的人想在生活中做出某種改變，決定在生活中做出某種改變，對承諾內容滿心期待，可是接下來完全不知道自己該怎麼做。這使得他們為了生活中不滿意的事情持續受苦，也可能導致沮喪、挫敗、罪惡感、焦慮、絕望和憂鬱等情緒。這些負面情緒蔓延全國，擴及全球。

- 二〇二三年一月，有22%的美國成年人出現憂鬱症狀。
- 每年有四千萬名美國人受焦慮之苦。
- 全世界有三億兩千兩百萬人患有憂鬱症。

研究不斷顯示，當人們感到絕望時，就會變得憂鬱，然後一旦感到憂鬱，又會覺得更加絕望。這是一個持續不斷的惡性循環。

回想一下，你上次決定做出改變、建立一個新的習慣，或嘗試一種新的做事方法的時候，你是否充滿希望，覺得自己能做到，既樂觀又興奮？還是你覺得心累、感到悲觀，不覺得自己真的能夠挺過去？這真的有那麼重要嗎？難道保持希望和樂觀就是成功的秘方？

我想和你聊聊希望，因為這個主題對我們正在講的事情非常重要。你有想過希望到底是什麼嗎？它在你的生活中扮演著什麼角色？希望的本質是一種樂觀的信念，相信事情會往最好的方向發展。它讓你感覺充滿力量和決心，驅使著你釐清事情、克服挑戰，最終達成目標。

希望是改變的催化劑。過去十年來的普遍研究顯示，充滿希望的人更有可能達成目標、選擇更健康的生活習慣、擁有更強的使命感、對自己的生活整體來說更加滿意。希望是催化劑，是海上揚帆的順風助力，但不是成功的秘方。所以秘方到底是什麼呢？

當我看到研究數據，意識到只有6％的人達到自己的目標時，我下定了決心。有超過十年，我一直在和世界高層領導者分享秘訣，告訴他們如何作出持久的改變。有超過十年，我一直目睹人們的生活得到改變，事業和職涯有了轉變。「不公平，只有一小部分的人知道怎麼做到這點。」我這麼告訴自己。你看，我知道秘訣在哪，也知道這執行起來有多簡單容易。我還知道自己應該把它分享出去。

有超過十年的時間，我一直在研究所有可能的方法，好幫助人們在生活中作出持久的改變。在我追求激勵人心和巔峰表現的旅途中，我遇到了成千上萬的人、聽到了成千上萬則，關於人們如何感到絕望、如何需要作出改變的故事。

我懂理論，也懂研究，我只需要一項工具，既簡單、強大，又容易應用的工具。我正在尋找它。我知道這可以給人們帶來希望，我也知道人們需要它。

每一次我找到另一項資訊，我都會開發出另一種工具，然後不只應用在我談話的對象，也用在和我共事的領導者身上。我看到他們使用這些工具，然後親耳聽到這些工具帶來了多神奇的改變。我還把這些工具用在自己的生活裡。我和其他人一樣，也希望自己的生活能變得更好。

一旦意識到只有6%的人知道如何作出持久的改變，我的使命就變得更加急迫。我知道我需要把秘訣分享出去，而且是盡快。

4 你的秘密潛能

你知道自己體內蘊藏著一股神奇的潛能嗎？這份力量能讓你掌控人生、

做出你需要的改變，是你用來形塑自己的職涯、人際關係、健康、事業和其他一切的能力。這份潛藏的力量，就是關於你自己，還有你對自己負責任、將人生駛向渴望的方向的力量。

掌控你的職涯

你的職涯是人生中很重要的一環。只要你的秘密潛能得到釋放，就可以改善你的職業生涯。關鍵不在於仰賴運氣，而是在於作出選擇。你可以決定自己要走哪條職涯道路，追求哪種工作，還有如何達成你的職涯目標。透過設立明確目的、精進技能，還有尋找進步的機會，掌控好你自己的職涯。

增進你的人際關係

你的秘密潛能也會影響你的人際關係。不管是和家人、朋友，還是伴侶之間的關係，你都有能力從中建立深刻的連結。只要有效溝通，好好聆聽他人，還有展現同理心，你就可以改善人際關係。你要意識到這點：你可以選擇那些對自己的生活帶來正面影響的人，然後遠離那些帶來負面影響的人。

改善你的身體健康

身體安康是人生的關鍵一環。你可以運用你的秘密潛能來管理你的健康，意思是作出健康的選擇，比方說吃營養的食物，還有保持身體活躍。固定去醫療保健機構進行健康檢查，也有助於保持良好健康狀態。只要作出有益身體健康的選擇，你的秘密潛能就掌握在自己手中，千真萬確。

讓你的事業蓬勃發展

如果你是企業家，或有在做生意，那你的秘密潛能就在於你的企業家精神，是你駛向成功、創新、適應的動力。透過設立明確策略、作出明智的決策，然後從經驗中學習，掌控好你的事業。你的潛能可以幫助自己形塑事業的未來。

你的秘密潛能會影響生活中的每個面向

你的秘密潛能不限於生活中的特定層面。你可以把它應用到各種面向，像是個人成長、嗜好，或其他方面。只要辨識出什麼東西不適合自己，再做出必要的改變，你就可以開創一個符合自己價值觀和願望的人生。

對自己負責任

你的秘密潛能有一個關鍵面向在於責任感。你要對自己的選擇和行為負責。也許你不能控制外在因素，但你可以控制自己的應對方式。對自己的決定負起責任，它們的結果就可以讓你重塑人生，把生活變得既充實又有意義。

把想法付諸行動！

你的秘密潛能不光存在於想法，也存在於行動之中。你有能力獲得自己生活中期望的一切，能把它們變成現實。這份力量就像你工具箱裡的工具——隨時等著派上用場。

迎接挑戰——你可以克服它們

一路上都會有挑戰和阻礙，但是要記得，你的秘密潛能就是你的韌性所在，是你適應、學習和成長的能力。挑戰是良機，能讓你善用自己的隱藏力量、找到新的解決方法，並且堅持下去。

讓周圍的人支援你

使用秘密潛能，不代表你就要凡事都靠自己。不管是朋友、家人、導師還是專家，向他人尋求支援都會很有幫助。有需要的時候開口求助，不代表你很軟弱，這反而是一種力量的展現。

相信你自己！

解鎖你秘密潛能的鑰匙，就在於相信你自己，要意識到你有能力為自己的生活帶來正面影響。你的秘密潛能就像是羅盤，指引著你朝向想要的生活前進。

你的秘密潛能就掌握在你手中。你有能力掌控自己的人生、形塑你的職涯、建立有意義的人際關係、改善身體健康、讓事業成功，並為生活的各個面向帶來影響。你的責任感和韌性是你自身力量的基石。這份力量不是後天賦予，而是你與生俱來，等待開發的能力。記住，你的秘密潛能是真實存在的，也是屬於你的，等著你善用它、培養它，好讓自己成長茁壯。

| 5 | 6%俱樂部會改變你的人生

回想上一次你站在大廳等電梯的時候，你眼角餘光看到某個人走來，按下電梯按鈕，幾乎是本能地按了一遍又一遍，越按越急躁、越沮喪，明明他也知道這樣不會讓電梯更快來。

有時候你就是那個人。你站在電梯按鈕前，不耐煩地按著它，既迫切又挫折，試圖催促電梯快點過來。想想看。

我走遍世界各地，不管在哪一州或是哪個國家，哪個會議中心或是飯店大廳，不管對象是誰，有著什麼樣的文化和語言，我在全世界的人們身上都觀察到這個現象。他們一遍遍地按著按鈕，越按越著急、越沮喪，可是結果還是一樣：電梯不會更快來。

我們都知道重複按按鈕不會帶來不同的結果，不會讓電梯更快抵達。世界各地的人們反覆做著毫無意義的事，這個景象讓我開始思考。你的大腦怎麼會讓你去做沒有任何意義的事？明明每個人都知道這個動作不會讓電梯加速，但還是幾乎每個人都會這樣做，日復一日，連想都沒想。為什麼？

當我開始注意到這點時，我開始問我自己一些問題。我主要問自己，在我人生中的哪些場景，我也是這樣站在工作和生活的電梯按鈕旁，一遍又一遍地按著，重複同樣的行為模式、同樣的選擇，毫無意識，最後總是得到一模一樣的結果？

世界上的苦難和挫折何其多，我知道有些事情你很想改變。我知道你為此苦苦掙扎過很多次，我也知道你有時會想，為什麼其他人過得比我更輕鬆？也許這是某種因果報應？也許是我運氣不好？

你運氣很好，相信我；只是你這麼多年來，一直站在工作和生活的電梯按鈕旁，不自覺地反覆按著按鈕，只為了得到同樣的結果。沒人告訴你這個秘密。

這就是為什麼我要為你寫下這本書。是時候找出事情發生的原因了，了解如何改變它、如何確保這永遠不會再發生在你身上。那 6%的人到底做了什麼不一樣的事，才讓他們坐擁美好的職涯、人際關係、健康、身材、事業、財務，和其他他們想要的一切事物？

不管是在工作還是生活中，都是時候擺脫盲目亂按電梯按鈕的習慣了。歡迎來到6%俱樂部！很快就會有不一樣的事情發生，為你帶來正念和有意識的選擇。你的人生即將改變。

6%

永遠不會有「正確的時機」。
先踏出第一步吧。

2

CHAPTER

94%的人不知道的事情

很大一部分人永遠得不到自己真正想要的東西。這是一個悲傷殘酷的事實，也讓我煩惱了好一陣子，於是我問我自己：為什麼會有這麼多人陷入困境，感到挫折？為什麼這麼多人都覺得其他人事事順利，自己卻不是如此？

另一個普遍存在的問題，在於很多人無法清楚表達自己真正想要的是什麼。他們也許有個模糊概念，知道自己想要「更多」或「更好」，但從來沒有明確定義這對自己來說是什麼。如果最終目標這麼不明，便很難取得任何成就。

我的研究讓我大吃一驚的是，竟然有這麼多人，這麼快就放棄了自己的目標。很多人的生活，都遠不如自己本來可以，或**應該**

過著的生活。問題就在於，那些人都不知道某件很重要的事情。

|1| 為什麼會有這麼多的挫折和痛苦？

你是否曾經停下腳步，問問自己：「現在對我來說最重要的是什麼？」這個問題看似簡單，其實不然。這是最重要的問題，應該拿來反覆問你自己。可惜的是，多數人從來沒有停下來問過自己。這個問題也不一定只有一個答案。因為你的生活包含不同面向，所以你也可能產生不同需求，同時擁有非常重要的不同事物，可能和生理健康有關，或是職涯發展、財務狀況、個人成就、人際關係，或其他面向。

如果你平常都不停下來，好好釐清自己真正想要的東西、了解對你未來最重要的事情，那你現在需要踏出最重要的第一步，開始這個改變的過程。暫停一下。好好思考。從激烈的競爭中停下腳步，向你自己提出這個最重要的問題：我到底想要什麼？你不需要一次搞清楚自己生活中每個面向的需求，不過，你需要釐清至少一個需求、一個願望，你為了讓你的人生得到改善，所以想改變的一件事情。這是第一步。一旦你把它定義清楚，你就可以開始朝向更好的人生航道前進。

停下來，想像一下你的人生就像一艘大船。挑艘對你來說有意義的船，可以是戰艦、遊艇、帆船、遊輪、漁船、快艇，或老式海盜船。這是你的人生，你的船，所以繼續在心裡好好描繪它的模樣。有畫面了嗎？很好！

在你人生的最初，那艘船就已經在海上。在你人生的頭幾年，它航行時，只能仰賴撫養你的人給它指引，幫它設定航向。你的父母或照顧者可能牢牢地抓住了船舵，又或者船舵遭到暴風雨搖晃，讓船朝著不同方向移動。

也許你從小就被告知，自己長大後要做些什麼。你的父母可能要你成為專業人士，要你當醫生或律師。或者他們可能逼迫你跟隨他們的步伐，甚至是繼承家業。他們可能堅持要你去上大學，或反過來逼你去學一門技藝。你的照顧者或老師可能鼓勵你，說你一定會成功，或者他們可能試圖限制你的期望，插手阻礙你。在某些家庭裡，可能沒有高等教育的選項，或者不該爬得太高，以免遭遇失敗或失望。

重點在這裡：剛剛那些全都不重要。

你的父母、祖父母、養父母、老師，還是你生命中其他權威人士，不管他們告訴你什麼，為你計畫了什麼，鼓勵你做什麼，那都不重要。唯一重要的一件事，就是你想要什麼。這是你的人生，不是他們的。這是你的船，一旦你長大成人，就該你接手掌管了。

世界上有這麼多的苦難和挫折，來自太多人讓他人或隨機的生活事件決定自己的人生方向。如果沒有人逼他們往特定方向去，他們就會去責怪景氣或環境，責怪沒人在招募新人或提供升遷機會。讓自己被外在因素左右、操控和控制，都不是通往幸福和成功的正確道路。只有掌控好你自己的人生，你才能得到你想要的。

所以你的船已經在那兒了，正往某個方向移動。如果你不去掌舵，不去成為你自己命運的船長，確立明確的航行方向，你就永遠無法抵達自己想去的地方。如果你讓你的船隨波逐流，或被海浪拋來丟去，那你最終會置身某地，做著某事，過著某種生活，但永遠無法抵達自己選擇的方向，無法活出你的夢想，也無法成為最棒的自己。你可以過著實現他人夢想的生活，也可以去配合其他人——你的父母、你的伴侶、你的老闆的期待。但假如你能花點時間、定位出想去的方向，然後接過船舵、親自駕駛你人生的這搜船，豈不是很棒嗎？

你不只能看美妙的景色、做美妙的事情，你還可以在相對短的時間內抵達目的地。知道如何創造持久的改變，這件事本身就會產生強大的力量。你還會變得更強韌、對自己更有自信，因為你有了目的地、有了計畫，還知道如何抵達自己想去的地方。當人生中的暴風雨來臨時（暴風雨總會來，因為這是人生的一部分），你可以挺過去，你和你的精神，還有你的前進方向，都不會受到風雨撼動。明確的目標能使你心智更加堅強、更有韌性。

年紀大小不是重點，你永遠都來得及把握時機，成為主宰自己命運的船長。你應該為了你自己和你愛的人，活出生命最美好的模樣。

世界上有這麼多的苦難，總是如此，現在似乎還在與日俱增。蓋洛普[1]最近一項調查指出，世界各地的不幸福感正在上升。對自己的生活感到不滿意的人數，在這幾年來急遽增加。不管是個人生活還是職場生活，自認為過著最好生活的人，和不滿意自己生活的人，兩者之間的差距有了顯著擴大。很多人都認為，自己想要的感覺和實際的感覺落差巨大，所以到底是怎麼一回事呢？

科技巨擘甲骨文公司[2]最近的研究發現，雖然有80%的人準備好轉換跑道，但是75%的人感覺職涯發展受阻，還有27%的人表示自己被每天的日常工作絆住腳步。人們渴望改變，只是不知道如何實現。這個問題看似複雜，但是解方很簡單。

想要過得更開心？那就學會達成你的目標。

為什麼？因為努力達成目標所得到的成就感，和你的幸福感息息相關。那股成就感會讓你自我感覺良好、增進你的自信，再進一步加強你的成就感。

另一方面，當你沒有明確定義目標時，你就看不到自己眼中最重要的事物。小困難看起來像大麻煩，事情開始被無限放大，然後你會更容易氣餒。這一切都是因為你忽略了大局，還讓日常瑣事困擾著自己。

現在是你停下腳步的機會，問問自己：我是不是為了生活中的某些事情感到沮喪？我是不是覺得自己受到阻礙，納悶為什麼事情不照我的期待發

1 Gallup，由喬治・蓋洛普（George Gallup）於一九三五年創立，是全球知名的民意調查機構，更是一家致力於透過科學方法和數據分析，幫助個人和組織發揮潛力、提升績效的專業諮詢公司。

2 Oracle Corporation，總部位於美國德州知名科技公司，由勞倫斯・艾利森（Larry Ellison）、鮑勃・邁納（Bob Miner）和埃德・奧茨（Ed Oates）於一九七七年共同創立。

展？是我運氣不好嗎？其他人比我厲害嗎？他們比我更值得這些嗎？

才不是。當你看到別人取得成功時，這多半是因為他們有掌握好自己的船舵，有意識地朝著目標和目的地努力航行。

你可能沒有意識到，這些挫折感——不管是因為事情進展不順而坐在那裡生氣傷心，或為了局勢不如自己預期而難過沮喪——實際上都會為你帶來轉機。你滿心挫折，意味著你已經做好向前邁進的準備。你不想再停滯不前；你不滿意自己犯下同樣的錯誤，厭倦作出同樣的選擇；你已經受夠了。

就是這個「我受夠了，不可以再這樣了」的感覺，讓你產生一股急迫感，讓改變變得刻不容緩，推動著你向前進。

2 （真心地）許下重大承諾

每個人都會許下重大承諾，這部分做起來很簡單。美國人在訂定新年新希望的時候，第一個會想到的就是更健康的生活。根據 Statista[3] 全球消費者調查，美國二〇二三年的前三名新年新希望是更常運動、吃得更健康，還有減重，存更多錢則排名第四。這四大擔憂不僅限於美國人，研究顯示英國人首要考量的也是這四件事情。

除此之外，不要滑太多社群媒體，把時間多花在家人朋友身上，這類經典願望也在調查中排名靠前。也有19%的美國成年人希望能在新的一年減少工作壓力。

那你呢？你上次為自己設定目標是什麼時候？你堅持了多久？你是持之以恆還是半路掉隊？如果是後者的話，你知道自己為什麼失敗嗎？

這個時候，你可能會忍不住怪罪一些外在因素。人生很難，你還很忙，口袋不夠深，事情很棘手。我都知道。但是要想加入 6%俱樂部，加入那6%，設定目標、堅持完成的少數人的行列，你就不能找藉口。不論如何，把事情做好。就算你口袋不夠深，感覺不到動力，好像全世界都聯合起來阻礙你，你還是要堅持下去。

這很難，我知道。我自己也經歷過很多艱難的時刻。很難鞭策你自己，

3 一家總部位於德國漢堡的全球領先數據和商業情報平台。

很難不放棄，也很難脫離自己的舒適圈。一路上困難重重，很容易讓人氣餒。但我想讓你知道這點：你現在越是挫折，越是不滿自己的處境，就代表你走在正確的道路之上。擁抱痛苦、感受挫折，這些都是好的感覺。

它們會推動你向前。

3 20%的能量天花板

要說我常常反覆聽到的一句話，那就是「改變很辛苦」，然後嘆一口氣再繼續：「是啊，不過……改變是無法避免的。」人們講這話的口吻，就好像改變自己的生活方式是一件很不幸的事情，好像每個人都是因為別無選擇才勉強忍耐。

這讓我開始思考。

明明若想突破困境、達成目標、得到自己想要且應得的生活，這些都只能通過改變做事方法，進而得到不同結果來達成，為什麼人們還這麼抗拒改變呢？改變有什麼問題嗎？為什麼光是想到這點，人們就要退縮，或是固執己見呢？

其中一個原因是對未知的恐懼。你的現況不管再怎麼讓人灰心痛苦，這還是你熟悉的。你知道會發生什麼事。另一方面，改變則意味著你不知道自己即將面對什麼狀況。事情有可能好轉，但你的大腦也會想像事情變糟的情況，想像你的處境變得更痛苦、更挫折。

有一句古老的諺語，要我們「不要亂搖船」（Don't rock the boat），意思是不要搗亂，不要試著改變現況。不過嘛，你的人生是你的船，不是別人的。有的時候你需要改變航道，這就會讓船搖晃，然後有些人可能會因此感到不開心。真正的問題在這：你活著的目的是為了取悅他人，還是為了盡可能活出自己最圓滿的人生？魚與熊掌不可兼得。

除了對未知的恐懼以外，在你開始談論要做出改變的同時，還有許多其他恐懼正朝你伸出醜陋的觸手。其中有對失敗的恐懼，相反地，也是最讓人訝異的，還有對成功的恐懼。

你會害怕失敗，是因為你不想面對自我感覺不好的痛苦。你不知道你失敗的話其他人會怎麼說、怎麼想你。你很怕那種尷尬、丟臉、後悔、難過的感覺。誰忍心怪你呢？這一點也不好玩。

但你能相信嗎？實際上對成功的恐懼，遠比對失敗的恐懼還要更強烈，更讓人意志低迷。很震驚吧，我知道。但只要你仔細想想，你就會發現很有道理。如果你早就習慣搞砸、放棄、再試一次，然後再搞砸、再放棄，那這對你來說就是很熟悉的流程，就算你本人沒有意識到這點。你知道該怎麼做，畢竟以前也發生過。另一方面，成功指的是設立目標、實際完成，然後再設立更大更有野心的目標，這可能是一個全新的領域。所有這些新的感覺、新的行為模式、新的處事方法，還有新的挑戰都太嚇人，太讓人難以承受了。你會害怕自己未知的事物。

但只有恐懼在扯你後腿嗎？我感覺這是問題的一部分，但不是核心。

所以核心是什麼呢？我開始反思我的人生、檢視我自己。我的人生中有哪些時刻，是我沒有找出新的方法讓生活向前邁進，反而一直作出同樣選擇，就算方式略有不同，但本質上還是一遍又一遍地重拾舊路？我一直按的是哪顆電梯按鈕？哪些時候我拒絕對自己人生航行的方向作出選擇，而是眼睜睜看著事情發生？

我越是思考這件事，就越發意識到，我在人生中的不同方面，總是反反覆覆重複著同樣的選擇、同樣的行為模式。這一開始讓我很意外，還有點沮喪。我對別人的反應態度總是那樣，然後說是他們惹我不開心。我一次次蹺掉健身課，說我沒有時間。我在金錢方面也作出一樣的選擇，只吃零食，不健康飲食，還沒有好好對同樣的人、同樣的事設立界限，最後讓自己不開心。我拚命取悅別人。

我越是思考這件事，就越發意識到，我在生命中的各個方面都在重複作著同樣的選擇。

我需要搞清楚原因。這已經超出我對改變的恐懼，還有對失敗或成功的恐懼。在這之下隱藏著更多的原因，以下是我的發現。

你的大腦光是維持運作，就要消耗全身20%左右的能量。現在回想你今天做過的事——工作、家務、跑腿、新聞、食物等等，這些你都很熟悉。你以前就做過這些事，你知道要怎麼處理。這表示，光是這些大腦已經熟知的事情，就要花上你身體能量的20%來處理。對可以靠自動導航模式完成的事來說，它們的耗能很大。

每一次你要你的大腦做點不一樣的事，你就是在和你的大腦作對，像是要它把以下的事情弄清楚：

- 新的運動習慣
- 新的飲食習慣
- 新的優先考慮自己的方法
- 新的管理體力和時間的方法
- 新的採取行動完成願望的方法

當你考慮做任何新的嘗試，你就是在強迫自己的大腦使用比平常更多的能量。換句話說，你的大腦討厭新的事物。

為什麼？因為它要工作。這種情況你的大腦會需要花費更多能量，而它傾向避免這種狀況。對大腦來說，維持老習慣、老方法和熟悉的選擇要簡單多了，因為這樣可以節省能量。

一個人平均每天會作出大約三萬五千個決定。吃什麼、怎麼行動、穿什麼、怎麼工作、怎麼分配時間和體力——你每天作了這麼多個決定，然後這些決定塑造了你的生活。但你的大腦不可能用心處理這麼多的決定，所以很大一部分的決定都是大腦自動做出來的。你想都不想就下了決定，這就叫「自動導航」模式作的決定。每一次當你試圖擺脫自動導航模式，有意識地作出更好的其他選擇，你就會被意想不到的對手反對：你自己的大腦。為什麼？因為這需要更多腦力，而你需要一個很有說服力的理由，才能遊說大腦付出這種努力。但老實說，它寧可不要。

4 在大腦裡另闢蹊徑

不知道你上次去爬山是什麼時候，但希望你跟我一樣喜歡這種活動。老實說，我不太愛走超難、超有挑戰性的登山步道。我比較喜歡簡單的路線——適合家庭親子的那種，他們會這麼說。

最近每次我去爬山，我心裡都會想到同個比喻，我會想到習慣和大腦之間的關係。你想，大腦裡的習慣就好比在山上，那些經過人們反覆踩踏，才漸漸形成可供行走的小徑。這條小徑越平坦堅實，就代表它經歷過越多踩踏，反反覆覆，讓它越來越好走。

爬山時，選擇那些踩踏形成的小徑會比較好走。同樣地，你的大腦裡也有這種小徑，也就是你所熟悉的行動的神經傳導路徑。選擇這種熟悉路徑，對你的大腦來說也比較容易。

外食時，去你一直去的餐廳，會比重新挑選別的地點來得容易。碰到問題時，把錯怪到環境或其他人身上，也比自己負起責任，主動去處理來得簡單。選擇停留在一段對你無益的關係裡，也比你想辦法去結束這段關係容易。做同樣的事、同樣的選擇，基本上就是把你大腦既存的神經傳導路徑視為預設選項，反覆去走同一條山林小徑。這樣比較節省能源。

但如果那些東西不適合你呢？如果那間餐廳其實食物普通，外頭還有更好的選項呢？如果你的夢想工作就在下一條街的大樓裡？如果你能做點什麼，和一個家人和解？如果你能更新理財方式，達到自己的目標？

如果我說，現在是時候開闢新的途徑，走出自己的路呢？

|5| 你永遠不該跟大腦簽下的合約

你生活中的每一天，大腦都在和你進行交易。交易內容很簡單，你的大腦說：「你想要那些生命中的美好事物，想要健康、想要快樂、想擁有自信和成就感。很好啊。」

「不過我想要的是這個，」如果它能說話，它就會對你說：「我想要節能，換句話說，我只要使用20%能量就好。然後你那些所有人生願景，都不足以改變我的第一要務。我要一切保持原狀，這樣才能節能。你就繼續去卡關、受挫，一輩子待在迴圈裡循環吧。成交？」你的大腦會這樣問你。「在這簽名，簽這，還有這，這裡簽縮寫。」

事情是這樣的，94%的人不會細讀合約上的小字就簽名了。他們一次次重複著同樣的錯誤，一次次作出對自己不好的選擇，一輩子都這樣。這全都是因為大腦只想著要活下來，讓你度過日常的一天，因此不想更努力工作，或消耗更多的能量。

同意簽下這份合約的人，可能會去怪罪他人，可能會怪天氣、怪老闆、怪政府，或怪自己的父母，但事實上，是他們自己和大腦簽定了合約。他們自己選了輕鬆的路——一遍又一遍地重複同樣的選擇。

到底為什麼會有人做這種事呢？明知外面有更好的路，可以帶你通到自己想去的地方，那為什麼還要落入這個陷阱呢？因為歸根究柢，對大多數人來說，保持舒適比達成願望重要得多。

6 自動導航的舒適

我們前面說過，一個人平均每天要作三萬五千個左右的決定，小從吃什麼、穿什麼、坐哪裡、走哪條路上班、說什麼，還有今天要不要運動，大到一些人生抉擇，像是要念什麼科系、要不要結婚、要和誰結婚，跟何時生小孩、要從事什麼行業，還有怎麼處理健康、錢的問題，和其他人生大事。

你一天不可能花這麼多的時間心力來作決定；你很忙，一天沒有那麼多時間，所以絕大部分的決定，都是自動駕駛器幫你自動處理的。意思是你下決定時不會多想，全憑習慣。你什麼時候晨間梳洗完，會有意識地想著要關浴室的燈？有可能那就是你大腦用自動導航解決的其中一個選擇。煮完飯後關上瓦斯爐也是同一回事。你每次都有意識，記得自己關火嗎？你有沒有過開車回家後，突然意識到自己好像不太記得某段路線？

對你的大腦來說，自動導航很省事。一旦它辨認出固定的模式、一條被踏爛的小徑，它就可以好好休息，讓習慣接手。有太多次，儘管面前顯然不是正確的選擇，我們還是把決定權交給了自己的習慣。

這樣想好了。現在是週五晚上，你換好衣服，準備出門和朋友吃晚餐，心想等下一定很好玩。你上了車，想著等下會看到哪些人，你們會聊什麼，但幾分鐘後，你突然意識到自己正在開往公司的方向。你有發生過這種事嗎？

這種時候你就是在自動導航模式。在你生命中，還有什麼時候是不自覺處於自動導航模式的嗎？你自動作出的這些選擇，會影響到你生活的每一個層面。

要想真正做出自己想要的改變，想離開那94%的行列，不再空口說白話，興奮許下承諾，然後馬上失敗，走回老路，那你就需要離開自動導航模式，隨時保持正念。

但讓我告訴你一個好消息，保持正念不是難事。保持正念很美妙，還是一種很棒的生活方式。做起來不會很複雜，其實還很簡單，我現在就來跟你分享怎麼做。

|7| 沒人告訴你的秘訣

只要你學會這個沒人教你的秘訣，你的人生就會從此改變。你去上學的時候，沒有老師講到這點。如果你有上大學，那裡還是沒人提到這件事。秘訣很簡單，就在這裡。

你比你想像中的更有力量，足以改變自己的生活。

你現在因為事情發展不如預期而感受到的沮喪，馬上就要通通消失了。那6%族群的不同之處並不複雜。只要你知道怎麼照著他們的方式做，你就能改變自己生活的每個面向，因為你會把這個方法，以不同方式應用到人生中的不同層面。

你可能會看著其他人，心想他們能做到的事情，你做不到。你想知道為什麼他們有更多錢，有你想要的人際關係，為什麼他們能夠看起來比你更有自信。你可能會想知道，同樣的事情會不會發生在你身上。

我甚至沒有要了解你對其他人的看法，更沒有要探討其他人在社群上怎麼展現自己，這點其實是現代社會的最大騙局。我的重點不在他們身上，我的重點在你。

你可以做到自己下定決心要做的任何事情。這不是什麼老生常談，這可以是你的現實。你是誰、你來自哪裡、你的起點在哪，或現在擁有什麼，這都不重要。你可能在沒有前景的工作裡苦苦掙扎，可能人際關係失敗，過著勉強度日的生活，不知道下個月的著落在哪。這都不重要。重要的是你現在要往哪走。是時候看向未來了，一個你有意識去創造的未來，一個你想要什麼，就有什麼的未來。在那個未來，你掌握著自己的選擇；你掌管船舵，可以控制自己健康、人際關係、職涯、事業和人生的前進方向。

你可以擁有理想的工作，賺到你連作夢都沒夢過的錢，和珍惜你的人建立有愛的關係，去自己夢想已久的度假行程，買下你的夢中家園，建立了不起的事業，變得健康，變得穠纖合度，然後全心全意和家人共度寶貴時光，就像你一直想做的那樣。你可以把自己的人生之船開向最棒的港口，然後掌管你自己的命運。你只需要知道怎麼做。94%的人想要改變生活，但不知道怎麼達成。現在你即將發掘他們不曉得的秘密，藉此將自己的生活變得美好。因為這已經改變了我的生活。

8 為什麼你的舒適圈是一個甜蜜陷阱？

你有沒有過想要做出改變、嘗試新的事物，但逃回原本熟悉的舒適環境實在太誘人？在你的舒適圈裡，你總是作出熟悉安全的選擇。你知道會發生什麼事，你的大腦也不必太努力適應新的做事方法。也許你習慣用食物抒壓，也許你習慣對人破口大罵，也許你習慣當個濫好人。也許你習慣倉卒下決定，然後事後後悔，不管在職場或家裡都是。

為什麼舒適圈會這麼舒適？

你的舒適圈就像你那永遠穿著的那雙舊拖鞋，或你慣用的小被被和小枕頭。在你的舒適圈裡，你感覺既放鬆又安全。你知道會發生什麼事，而你默默地喜歡這種感覺。就算之後你會對自己和自己作的選擇感到失望，能夠事先預期後續發展還是讓你感到安慰。你知道為什麼嗎？因為這種失望感對你來說也很熟悉。

你以前也經歷過很多次。你知道那種感覺，這對你來說很熟悉。你在舒適圈裡作的選擇和例行公事，都是你熟悉的東西。它們伴隨著你長大成人，對你沒有威脅，也不需要你多努力。你可能會心想：「為什麼要離開這麼舒適的地方？」

好問題。事實是，你的舒適圈一直在欺騙你。

你的舒適圈在欺騙你——原因如下

你的舒適圈很誘人，既愜意又熟悉。但它實際上是包裹著蜜糖的陷阱，讓你無法充分發揮自己在生活各方面的潛能。它阻止你充分發揮自己的潛能，也讓你無法照自己的意思過想要的人生。

你變得停滯不前。你認識某些停止成長和進步的人嗎？那些年紀輕輕就給人感覺衰老的人？反過來說，你認識充滿生命力的老人嗎？停滯會從你身上剝奪人生中最重要的力量：意志。它會導致乏味，使你在獲得一種安心感（舒適）的同時，讓另一種不安感悄悄浮現：一種不滿足感。

你錯失機會。有太多太多次，我看到人們放棄很好的工作機會，只因為這不在他們的舒適圈內。我看到人們錯過認識新朋友的機會，只因為這不符合他們的習慣和預期。我認識的某些人，三十年來都在參加減肥社團。這不就像不斷按著電梯按鈕，還期待著不同結果一樣嗎！

要是那些人可以走向新的職業，迎來全新的視野、全新的機會，然後給自己的生命帶來更多的意義呢？要是那些人只因為不想拓展自己的交友圈，而錯失邂逅機會，和完美的人生伴侶、可靠的精神導師，或潛在的摯友擦身而過呢？然後要是那些人選擇真的去減肥，而不是嘴上說說，和做著同樣事情的人一起光說不練三十年呢？你可以想像嗎？只要他們踏出那最小的一步，他們的人生可以變得多不一樣？

你變得沮喪。無庸置疑，你的舒適圈不會讓你開心，只會孕育出沮喪的情緒。你有想要的東西，但它不會實現；你對某事抱有希望，但那也行不通。你試著有所表現，但你真的有踏出舒適圈，採取不同行動方案嗎？

我現在不是在叫你踏出舒適圈，我是在開闊你的視野。你可能甚至沒想過自己正處於一個舒適圈。畢竟生活忙碌，你的心思總是被其他東西占據。但如果你想要充分活出自己的人生，那踏出舒適圈就至關重要。只要你人還在舒適圈裡，你就不能充分展現自己的潛能。

為什麼踏出舒適圈對你來說這麼重要？

我活在舒適圈外已經很多年了。當我離開舒適圈時，許多美妙的事情一一發生在我的生命中。也會有同樣美妙的事發生在你身上。這是很值得的交換代價。

你會成長為一個真正的人。你可能沒辦法自在地做著自己習慣的事，作著只需要花費最少腦力的重複選擇，但你的人生會變得更有趣。你本人會變得更有趣。你不會感到無聊，而你的生活也不會無趣。這樣的取捨不壞，事實上還滿划算的。

你會克服自己的恐懼。是的，你有時會感到恐懼，因為活在舒適圈之外，就代表你有可能會失敗。不過勇於面對恐懼，是克服恐懼的強效方法。掌控你的人生和做出自己的選擇，是停止恐懼的不二法門。

你正在通往目標的道路上。關於成功的秘訣，我還有很多要教你的，不過有一件事情無庸置疑：你的目標遠超出你的舒適圈。不管你夢想擁有什麼——理想的工作、更健康的生活方式、令人滿意的人際關係——要達成這些，全部都需要你踏出自己的舒適圈。

你會體驗到新的事物。世界上充滿著令人興奮的體驗，等著你去發掘。新的地點、新的食物、新的人們、新的工作方式、新的生活方式，還有新的玩樂方式等著你去探索。這一切都在你的舒適圈外等著你。但到底要怎麼離開舒適圈呢？

五個離開舒適圈的步驟

要有意識自己正在重蹈覆轍，認知到自己需要離開舒適圈，這點很重要。畢竟，這種意識就是關鍵。多數人甚至沒有意識到自己正在舒適圈裡，只是蒙著眼睛過活。但既然你現在對此有了意識，下一步該怎麼做呢？以下是你可以馬上採取的五個步驟：

步驟一：確定你的舒適圈的範圍。光是嘴上說要脫離舒適圈還不夠，你需要向自己明確定義這點。定義出你在生活中的哪些領域容易感到舒適。是你的職業選擇？你處理關係的方式？還是你對自己的優先排序？這裡的關鍵是定義清楚。

步驟二：從小事開始。你不必挑戰一次改變生活中的所有面向，不必同時嘗試多種新的事物，藉此證明自己正在脫離舒適圈。這樣你只會感到徹底地不知所措。你應該反過來，一次選一件事，從小事做起。記住這點，一次成功會孕育出更多次成功。你先選擇一個微小的地方著手改變，一旦方法奏效，你就會再做一次，一次接一次，越來越有野心挑戰自己。但你需要找到自己入門的方法，這是種後天習得的心態觀念。

步驟三：擁抱改變。擁抱改變，意味著你意識到自己最愜意的舒適圈不會永遠存在。世界正以驚人的速度改變著，抗拒改變不是上策，除非你真的想活在泡泡之中。所以如果世間萬物都會改變，你就要鍛鍊用來迎接改變的那塊肌肉。你擁有那塊肌肉。

步驟四：招募你的支援系統來支援自己。你身邊有人相信著你嗎？專注在他們身上。把你的目標分享給他們聽，開心興奮地和他們一起脫離舒適圈。你身邊有其他人是自己生活不順，人生中最大的樂趣就是希望你比他們更不順的嗎？小心那些人，離他們越遠越好。

步驟五：從錯誤中學習。犯錯了嗎？很好，你正好找到了學習的機會。每個人都會犯錯，這點不會有錯。世界上有兩種人，一種人責怪自己，讓錯誤定義自己，另一種從錯誤中學習，繼續前進。所以真正的問題不在於你有沒有犯錯，而是你對此有沒有抱持著學習心態。

把這點牢記在心：踏出舒適圈的過程不是終點，而是一趟旅程。沿路你會發掘新的自己，找到自己新的天賦、新的力量、新的弱點，然後你會用全新的方式認識自己，美妙無比。

我回學校念了碩士，然後又在三十多歲，有三個小孩和一份全職工作的情況下念了博士。我四十多歲時成為了演說家。我以前甚至不知道自己有多享受在廣大觀眾面前演講，也不知道自己站在台上會有多自在。通往這裡的道路舒適嗎？一點也不。那值得嗎？絕對值得。你也是一樣，你也會發掘出關於自己，既新奇又美好的事物。

6%

自動導航模式帶來的舒適感
是你需要避開的陷阱。

3

CHAPTER

受夠卡關和挫折的感覺了！

我們前面討論了人生卡關的模樣。你就是那個站在電梯前的人，持續按著按鈕，明明自己一直做著同樣的事，卻仍然期待出現不一樣的結果。

我們也探討了你卡關的原因。你的大腦不願意改變，因為這要花費更多能量，相當於從頭開拓一條新的道路，而它寧可遵循多年來的老習慣。

卡在錯的工作、錯的關係或不好的行為模式裡，感覺自己無法改變或改善自己的生活，這些都會帶來很可怕的挫折感。好消息是，不管你的大腦意願如何，那份挫折感都可以激勵你實際做出改變。

現在是時候向卡關和挫折感說再見了，是時候來抓住你的船舵、開始航向前往幸福和理想生活的新航道。規劃新的航道和掌控自己的命運永遠不嫌晚！

|1| 改變我人生的一天

改變我人生的那天，一開始就像其他平凡的日子一樣。我是一個全職工作的母親，有兩個很小的孩子。我很疲憊，我不喜歡我日復一日過著的生活，我很挫折，覺得自己超時工作又不受賞識。二〇〇八年十月十一日，是個有風有雨的禮拜六早晨。我當時三十二歲，覺得自己的生活爛透了。那時，我和我最好的朋友每個禮拜六早上七點，會趁我們的小孩醒來前在星巴克碰面。有一天，我告訴她我有多討厭自己的工作還有日常生活。

她看著我說：「那就改變一下啊，去學校改變妳的人生道路。」

「我也希望我可以，」我邊忍著淚水邊說。「我的孩子還這麼小，他們需要我。亞當事業剛起步，每天都不在家。等到有一天時機對了，我絕對會這麼做。」

她目光凌厲地看了我一眼，然後說了一件改變我人生的事。「蜜雪兒，」

她說。「妳就是不明白，對吧？妳的孩子永遠都會需要妳，亞當也永遠都會處於某種起步階段。這個禮拜就去報名上課，然後下週六告訴我妳已經報名了。」

我看著她，內心困惑。我從來沒有想過這點，從來沒有這樣想過。一直以來，我都在等待某件永遠不會發生的事情。

如果那天我沒有聽她的話，沒有像我一直以來如此渴望的那樣回到學校，而是繼續等待「對的時機」，我就不會是今天的模樣。我不會過著今天的生活，你現在也不會讀著這本書。這全部的事情都不會發生。

我當時有理由不去照做嗎？當然。我的孩子還小，經濟衰退，我們沒有足夠的錢，我還有一份全職工作。這有關係嗎？不，這都沒有關係。因為我已經下定決心要改變我的職涯道路、改變我的命運，並且開始對我自己的人生負責，也對我自己的未來負責。

2 你最強大的心態觀念

如果我告訴你，你的人生掌握在自己的手中，你會對我說：「拜託，我早就聽過這句話了。我知道。」

但你真的知道嗎？

採取負責任的心態觀念，是你建立所有成功的基礎。擁有負責任的心態觀念，意思是不要再找藉口，像是：「我太忙了，我沒時間、沒錢、沒體力、沒心力」等等的藉口。

這意味著你不能再把自己的問題，或是感覺自己原地踏步的事實，怪罪到任何外在因素上，例如你的伴侶、孩子、父母、老闆、政府、通貨膨脹、健身房會費，或是缺少大學文憑。

這也意味著，你要對自己在不同境遇下的作為負起全部的責任，然後意識到，你的人生方向取決於自己的行為和應對方式。還記得我們在上個章節裡，講到你的人生之船，提到你需要站出來，擔任船長指揮這艘船嗎？這就是我們現在在講的事。

責任感需要謙虛。你很容易就會自以為是，說服自己你是對的，不可能有錯，還有其他人很糟糕，你是這個情況下的受害者，還像個英雄一樣容忍他們。你只有保持謙虛，才能意識到自己的責任，意識到自己需要修正的問題，停止找藉口。

這才是真的事實，找藉口會阻礙你做出改變。畢竟，真正重要的不是誰對誰錯，而是誰願意對自己的人生負起責任，把它變得越來越好。

我們身處一個嚴重缺乏責任感的文化。「這不是我的錯」、「這不是我的問題」、「他／她有點問題」、「他／她有毒」——這些都是很方便的藉口，讓你有理由不需要站出來負起責任，掌控自己的人生。當你脫口說出這些話，你就是在放棄你的力量，還有你對自己人生跟當下處境的掌控。短期來看，這會讓你心裡比較舒坦，尤其是當事情真的出了問題的時候；但是長遠來看，這會阻止你照著自己選擇的方式來生活。我來解釋一下這是什麼意思。

有毒族群的範例

你可能聽過「有毒的人」[4]這個說法，因為它在社群媒體上到處都是。你很可能至少幫生活中的某人貼過一次「有毒」的標籤。關於這件事，我思考了很久。這個用詞到底是什麼意思？難道有一群人類打從出生起就自帶毒性？還是醫院裡有一個專門接生有毒嬰兒的部門，那裡的護士會互相微笑，對彼此驚嘆：「妳看，有一個可愛的小毒寶寶剛生出來，很可愛吧？」說真的，我試著要理解，這個用法到底是什麼意思？

是世界上真的有一群人天生有毒，還是把某人貼上有毒的標籤，是一種逃避責任的聰明辦法？你想，如果是別人有毒，那你就是無辜的。你什麼事都沒做；你可以什麼事都不做。你安全下莊，半件事都不用做。你可以舒服地保持20％省電模式。

讓我來告訴你這件事：世界上沒有有毒的人。那有毒的關係呢？一定有。或是有毒的互動？當然！但是對你來說有毒的，對其他人未必有毒。所以有毒的到底是什麼呢？是人，還是你和他之間的關係？

是這樣的，有毒的是你和他的關係，而不是他本人。是你們的互動模式、你們互相激怒彼此的方式，是對方向你說的話，但同時也是你對此的反應。在每一段關係，每一次和別人的互動裡，你都占50％的責任。你有50％的掌

4 toxic people，意指那些對你的心理健康、情緒狀態和整體幸福產生負面影響的人。

控權，這是非常巨大的力量。你可以設下界限、堅定自己的主張。你可以走開。你可以作出很多不一樣的選擇，而那些選擇就在你手中，你永遠不會無能為力。總是有你可以做的事，而那個選擇，相較於逃避責任、舒服地保持20%省電模式來說，永遠都是更好的選擇。

過度診斷的流行病

你有聽過有人給其他人貼上「躁鬱症」或「自戀狂」的標籤嗎？社群媒體為人們帶來了新的逃避責任的途徑。畢竟，只要別人有這樣或那樣的狀況，那他們本身就會成為問題所在，現在這種問題甚至還有了名字。實際上，那些既沒有心理學背景，又沒有受過訓，也沒有診斷工具的人，常常會用在網路或社群媒體上看到，自己不甚了解的術語，對其他人隨便下診斷或貼上標籤。現在很流行叫別人躁鬱症、自戀狂，或反社會人格。

同樣地，人們也會用一樣的方式幫自己開脫，聲稱自己有過動症、創傷後壓力症候群，或別的病，實際上他們沒有真正被診斷過，也不知道那些字背後代表的診斷標準。人們很隨意地使用這些字。有一本很厚的書叫

《精神疾病診斷與統計手冊》（*Diagnostic and Statistical Manual of Mental Disorders*），裡面記載了關於每一種障礙的具體定義。治療師都要經過多年訓練才能執業診斷。所以幫他人或自己下診斷，都不是你或其他人可以光靠網路資料就做到的。不是這樣做的。

除此之外，不論你認為自己或別人有什麼疾病，這永遠都不是藉口，不能為你的壞表現、缺乏責任感，或犧牲自己成就他人的行為開脫。就算是那些真的經過診斷，罹患這些疾病的人，也有幫助他們克服、解決狀況，或讓他們與之共存的工具。所以，不論是哪種狀況，都要保持負責任的心態觀念，避開過度診斷的陷阱。不要幫自己下診斷，也不要幫別人下診斷或貼標籤。

標籤濾鏡

你需要知道一件事，這件事很重要。你的大腦會對你惡作劇，影響你在現實生活中，看待自己的方式，和你看待他人的方式。它這麼做只是為了讓你繼續做同樣的事情，藉此幫自己節能，因為改變做事方法會讓它太耗能，增加太多腦力成本。

科學家知道一百八十種大腦對你惡作劇的方法，這些方法被稱為認知偏差，需要好幾本書才能全部涵蓋。為了讓你有點概念，知道這會如何危害你的責任感、你的未來和成功，讓我分享三個例子。

驗證落差：驗證落差的意思是，你傾向注意、關注，和突顯符合你既有信念的資訊。然後只要是不符合你既有信念的事物，你就會把它自動屏蔽。因為工作量太大了。換句話說，你喜歡聽到別人說你是對的，你也偏好和同意自己想法的人說話。

你創造了一個泡泡，很快樂地活在裡面：你只跟那些和你政治、宗教或其他信仰相同的人說話，因此你時常完全忽視事情的另一個面向，不曉得有多少人和你觀點不同。當你活在自己的泡泡裡，你會認為每個人的想法都和你一致，因為你只跟那些人互動。你會對與你想法不同的人視而不見，甚至是傾向貶低那些和你意見相左的人。

每個人都想被喜歡，每個人都想被同意，人類群居在一起是有原因的。然而，改變並不總是來自於聽你想聽的聲音，或和同意你的人對話。改變經常來自於接受挑戰、聽聽不同的處事觀點。而那些不同意你的人，搞不好就是當你站在那，一遍遍地按著電梯按鈕時，你人生所需，前來給你提醒的那個人。

要小心那些總是同意你的人，他們才是在你生活中最危險的人。珍惜那些敢於不同意你的人。他們說的話，你可能有98％的內容都不贊同，這完全沒有問題。但剩下的那2％會開闊你的視野，讓你學會看待事物的新的眼光、處理事情的新的方式、對自己負責任的新的做法。就算做起來不太有趣，你也不能放棄這些收穫，你的人生承擔不起這樣的損失。

資訊落差：你有沒有信誓旦旦地說過，自己一定知道為什麼某人會做出某事，明明你除了自己的假設以外，沒有任何實質證據可以證明。我打賭你有，每個人都有過。你其實對其他人一無所知，但你對自己很了解。所以你的大腦試圖彌補自己欠缺的資訊，於是無中生有。

當你看著別人的行為舉止，無法理解他們為何做某事，或不做某事時，你的大腦很討厭這個狀況。你的大腦討厭不確定性。舉例來說，如果你向某人道早安，但對方沒有回應你，你的大腦會立刻作出結論：「他在對我生氣」、「她很沒禮貌」、「真是個勢利小人」，或其他十幾種可能性頓時浮現腦海。你的大腦想知道為何那個人做了或沒做某事，所以它會想出一些原因，全都是在你腦海編造出來的。

事實是，你根本不知道為什麼那個人沒有對你說「早安」。可能和你本人無關，他可能沒有聲音，或心不在焉，沒看到你，剛好想到別的事情，或甚至他其實有說，只是說得太小聲了，你沒聽到。懂了嗎？我們此時此刻依然在試圖尋找那個人沒說「早安」的原因！

只要你是在自己腦海裡編造這整個故事，解釋別人為何做了或沒做某事，故事停留在你自己的大腦裡，那就無傷大雅。沒人曉得。

但可怕的部分來了。你會根據自己編造出來的別人的故事，在現實生活中作出決定。你可能會和其他人議論那個人，可能會想要報復對方、設計陷害讓他失敗，或是向他寄出一封你打從一開始就不該寫的信。

自從我知道這件事後，我每天都逮到自己很多次，抓包自己正在幫別人編故事、解釋他們為什麼做某件事。為了降低我編造這種故事的頻率，還有約束這個行為的影響，我開始問自己一個很簡單的問題：「我怎麼知道？」

這個問題唯一合理的答案是什麼？「我不知道。」

你不知道別人在想什麼。除非你開口問他們，不然你不會曉得他們為什麼做了或沒做某事。你不曉得他們在擔心什麼，或正在處理什麼情況。雖然你的大腦預設選擇，不是做出超過20％的努力，也不是避免直接跳到結論，找出事情的真相，但這是你可以有意識作出的選擇，也是很值得的一個選擇。

負面偏見：你的大腦傾向負面思考，這是遠古時代留下的痕跡。當時的世界依然危險，人類需要每日拚盡全力才能生存。也因此，我們的大腦更容易受到負面情緒影響。戲劇性的負面新聞更有廣告效果，社群媒體的演算法也偏愛戲劇性的負面內容。人們對這類東西更有反應，做出的互動也更多。儘管現在的世界還是很危險，但我們日常生活中已經不會面對立即的生存危機。可是我們的思維還是維持原來的運作模式，一下就會轉向負面思維，速度比轉向正面思維要快得多。

每抵消一次負面經驗，都需要花上三次的正面經驗。這會延伸到在你身上發生的事情、人們對你說的話，還有你告訴自己的事。每出現一個負面結果，就需要三個正面結果才能打平。這就是為什麼你的大腦會這麼執著於你不好的經驗，或你搞砸的事情。它還會對其他人搞砸的事情，或對你造成的傷害念念不忘，而不是專注在他們做過的好事上。人們往往會因為某人犯下一次錯誤，就把他釘在十字架上嚴厲懲罰，完全忽略這個人過去曾做過的多件好事。

意識到這個事實、明白你的大腦傾向保留或誇大負面情緒，就有助於你克服這個習慣，避免你太嚴厲評判自己或他人。你還可以靠有意識的感激，來抵消負面偏見。在你晚上上床睡覺之前，看著你的手和五根手指，數一數你這一天發生的五件好事，或在你生活中值得感謝的五個人事物。

克服你的負面偏見，還有透過每晚用手指確認五件正向事情，藉此訓練自己的大腦專注在正向方面，這些可以幫助你達成一些成功的關鍵。

- 當你能看見人們做的好事，對此表達認可，他們會更有動力支持你，為你付出更多。畢竟，誰會想對一個老是抱怨自己做錯事的人付出呢？
- 你會對自己的未來感到更積極，對於你做出的改變感到更樂觀，相信這些改變能帶領你在職涯、生活、健康、經濟、快樂和自信方面更上一層樓。

- 額外加分：你的身心健康。在你訓練自己的大腦思想更正面的同時，你能更妥善地應對壓力，得到一個更強健的免疫系統，還有更低的早死機率。我覺得這挺重要的，你不覺得嗎？

3 別再等待正確時機了

簡單來說，不管你想做什麼——想換工作、變健康、創業、擴大事業規模、生小孩、回去念書，不管是大膽的一步，還是微小的一步——永遠都不會有邁開這一步的正確時機。永遠不會有。你總是有不去做的理由。

我現在可以告訴你，回顧過去，我人生中做的每一件事，都有很多不去做的理由。我的任何一個小孩都不是出生在完美的時機，但是感謝上帝讓我擁有他們三個。我嫁給亞當的時機不對，可是那是我作過最美好的決定。我三十二歲，帶著小小孩，做著全職工作的時候，也不是回學校念書的正確時機。但如果我當初沒有這樣選擇，我就不會是現在的我。

我坐在桌前，寫著這本書的此時此刻，也絕對不是寫書的完美時機。我每週要去數場活動演講；我總是在飛機上。然後現在是凌晨四點，我的德國牧羊犬寶寶凱西（Casey）身體不舒服，所以把我叫醒。我的混血比特犬科迪（Cody）醒過來，對著我嚎叫，要我去幫牠。牠們很快又睡著了，躺在我身邊，而我正坐在這裡寫我的書。

我累嗎？當然累。

這是正確的時機嗎？什麼時候有過正確的時機嗎？從來都沒有。

很多人都說他們會在「時機來臨的時候」去做某件事。但如果永遠不會有正確的時機，那你到底在等什麼？

設定目標和對自己許下承諾都很容易，打破承諾也一樣容易。世界會朝你丟出重重阻礙：感情問題、金錢問題、職涯挑戰，什麼都有。正確的時機？有的話當然很好，問題是這個時機根本不存在。

你知道什麼時候才是開始行動的正確時機嗎？就是現在，別再等了。

4 你內心的聲音很重要

你整天都在心裡對自己說話，然後你以為這個聲音不重要，因為沒有人聽到，但它其實很重要。非常重要。當我們談到你的成功時，作為成功的一部分，我們會討論你和其他人之間的關係，但我想讓你知道這點——在建立任何關係之前，為了讓你進入６％俱樂部的行列，對你來說最重要的關係，就是你和你自己之間的關係，其中也包括那些你以為別人聽不到就不重要的話。別人聽不到，**只有你聽得到**。

每個人每天都會在腦海進行很多次的內心獨白，這個內心獨白是一種無聲的對話，內容包括你自己、你的擔憂、點子，和其他隨機的想法。這是你在自己腦海裡敘述生活現實的方式，也是你對不同人生事件賦予意義的方式。

你以為沒人聽到，但世界上最重要的那個人都聽到了：你自己。

以下是五種內心獨白的類型：

內在話語：你用言語向自己講述想法，真的在腦海裡對自己說話，或在腦海和他人進行完整的對話。

內在畫面：你看到有關於你的想法或經驗的畫面。

內在感受：你覺得沮喪、開心、焦慮。

感官意識：你感受到地板的冰冷、微風的溫暖，你聽到鳥兒的吱喳聲。

想法意識：你意識到你正在思考某件事情，但是你對此沒有畫面，沒辦法用任何語言描述它。

你內在的聲音不只反映了你對自己的認知，還反映出你周遭的世界。它對以下方面都有著巨大影響：

- 你的自尊
- 你的信心
- 你的決定
- 你解決問題的方式
- 你處理錯誤的方式
- 你管理人際關係的方式

這件事非常重要。人們會犯的最大錯誤——也是我無論如何都想讓你避免的事——就是認為自己的內在聲音是無法改變的既定事實。你**可以**改變它，但需要努力。不像開關按鈕，內在聲音是積年累月形成的，所以也需要時間來改變。

要記得，你的大腦更傾向負面思維。開始留意這些想法，留意你的內在聲音。裡面有多少自我挫敗的想法？裡面有多少專注在恐懼、擔憂或疑慮的想法？你的第一步是有意識地注意你正在腦海裡對自己說些什麼。

等到你學會留意那個內在聲音，在它給你負面的意象、不幸感，或一連串的負面想法時，就是時候反擊它了。每一次你的大腦給你一個負面攻擊，就用三個正面想法反擊它。

如果你的大腦告訴你，你辦不到某件事，你就告訴自己三個理由，為什麼你可以做到這件事，而且你已經在做了。如果你的大腦提醒你一次的失敗經驗，你就提醒自己三次的成功經驗。這時候不要擔心自己描述得太細節。當你描繪那些成功經歷時，不要只回憶事情經過，還要回憶當下的感覺、當時的穿著、當時身處的空間，看起來或聞起來是什麼樣子。提供你的大腦足夠的資訊，好讓它沉醉其中。如果你的大腦用負面的畫面反擊，就把你記憶中的正面畫面塞給它，或是把你手機裡的照片調出來，拿來反擊那些負面情緒。

隨著時間過去，這個過程會變得更快更容易。這就是你訓練自己大腦的方式，訓練它在面臨抉擇或困難處境時，找出正向的解決方式和方案。目標是培養一個能振奮、激勵和鼓勵你的內在聲音。不要再欺負自己了。當你自己最好的朋友，用跟最好的朋友說話的方式對你自己說話。幫你自己振奮精神。

5 如何打敗自我懷疑

我想和你談談自我懷疑，討論它是怎麼發生，還有你要怎麼阻止它礙事。自我懷疑會在你質疑自己，質疑自身能力的時候發生。當你對自己做的事情感到不確定，或者沒有信心的時候，它就會出現。它會讓你感覺自己不夠好。

以下是三種導致你自我懷疑的最常見原因。

你過去的經驗

過去的經驗可能會深深影響你的行為反應，尤其是當你曾有過不好的經驗，像是遇過恐怖情人，或遭受不公平的解僱。在這種情況下，你的心智健康可能會大受打擊。

過去的經驗可能會動搖你對自己的信念，還有你對於自己取得亮眼成績的能力的信念。你需要打破這個循環。

你的童年和成長背景

你的成長背景，不管是在形塑你對自己，或是對自己能力的看法上，都扮演著很重要的角色。如果撫養你長大的父母總是說你不夠好，或你的老師不相信你，那你對自己或自身能力的懷疑，就會成為你對自己的看法，還有對自身能力的看法的一部分。你需要打破那個循環。

和周圍的人作比較

拿自己跟別人作比較，是一件再正常不過的事。人類是社會性的動物，我們的祖先在歷史上總是為了生存而群居。拿自己跟別人比較，也是那個演化趨勢的一部分，會讓你檢視自己在群體中的地位，確認是否需要為了確保自己被群體接納，或是保護自己的身分地位，而做出任何改變。如今的社群媒體更是把這種趨勢進一步提升到了全新的高度。

多數人在社群媒體上的貼文，都展現了他們生活中最好的一面。你不知道他們在貓咪照片，還有孩子近況更新，或是他們上次度假的照片背後，經歷著什麼樣的痛苦掙扎。但這還是持續對你造成負面影響，你也還是會進行比較。社群媒體上的濾鏡讓很多人覺得自己不吸引人，那是因為他們拿自己和不真實的東西作比較。

你真正該競爭的唯一對象，就是你自己。你今天有比昨天更好嗎？你這個月有沒有比上個月更接近目標？你終於實現嘴上說了十年想做出的改變了嗎？

很多人告訴我他們或多或少都有冒牌者症候群（impostor syndrome）。冒牌者症候群和自我懷疑之間的關係密不可分，是一種儘管達到了某種成就，卻仍然覺得自己像個騙子的感受。冒牌者症候群會限制你的勇氣，讓你不敢進行有意義的放手一搏，或是追求新的機會。它會讓人經歷自我懷疑，讓人在一份工作、一段感情、一段友誼、養育子女或是任何其他活動中，懷疑自己是否「足夠合格」或是做得「足夠好」，但明明答案是肯定的。

冒牌者症候群是自我破壞最隱密的其中一種形式。為了增強自信，你需要蒐集成功經驗。你蒐集到越多成功經驗，像是做的事情順利進行、成功克服了重重障礙，你對於自己再次成功的能力就會變得越有信心。但如果你對自己的成功打折扣，對你自己聲稱那份成功不是真的，說你不值得這份成功，說這不是你正當取得的成果，你就是在阻礙自己的信心建立，然後潛意識地引導自己進入某些情境，反覆印證你對自己不夠好的認知。

這是怎麼發生的？

你有冒牌者症候群的一個原因，可能在於你為自己設下了很高的期待。你可能設定了超高的標準，所以認為所有不完美的表現都是一次失敗。這可能會導致你就算有了很棒的成就，還是會一直感覺自己不夠好。對於無法達成自己期待的恐懼，可能會讓你覺得自己好像在欺騙他人，認為他們總有一天會發現你的能力不如他們想像。

除此之外，過去的失敗或被批評的經驗，都有可能加劇冒牌者症候群。

如果你過去曾遭受挫折，或是收到負面回饋，你可能會產生一種對於重複相同經驗的恐懼。你可能相信自己過去都是因為運氣好或僥倖才偶然成功，未來的失敗無可避免。這些過去的經驗可能會塑造你對自己的信念，進而導致冒牌者症候群。

不管是對你的個人發展還是職業發展，冒牌者症候群都有可能造成損害。它可能會阻止你冒險，讓你無法追求新的機會，因為你會害怕失敗，或是被別人發現自己是個騙子。它也可能導致壓力、焦慮和自我懷疑等情緒，對你的心靈健康和整體福祉造成負面影響。

重要的是，要知道冒牌者症候群是一種常見的經驗，不是只有你有這種感覺。很多成功人士，包括高成就的專家們，都曾在某些人生時刻經歷冒牌者症候群。關鍵在於勇於挑戰自己的負面思維和信念，還有提醒自己你擁有哪些成就和優勢。你周圍的人也很重要。讓自己被樂於支持你和鼓勵你的人包圍，這樣有助於你了解不同觀點，也能好好激勵你自己。要記住，你的成功不是來自運氣或欺騙，而是你自己的努力、技能和奉獻精神，而這些都是你能掌握的。

你花費的很多精神能量都圍繞在他人對你的看法上——你的父母、伴侶，和你工作或生活的人們：他們怎麼想你，對你有什麼期待。

事實是，人們會對你有所期待，這件事沒關係；其他人對你有所期待很正常。真正的問題在於，你怎麼管理別人對你的期待，還有這對你的生活造成什麼影響。有些原因可能導致你讓他人和他們對你的期待，奪走對你生活的掌控權。

- 你不信任你自己（你假設他們——你的父母、朋友、同事——比你更了解你自己）。
- 你害怕失敗（如果你失敗了，你就可以怪罪他們）。
- 你認為自己不擅長作決定，所以把決定權交給其他人。
- 你習慣讓他人為你作決定。

我想談談一個人對於認可和保持友善的需求，因為把這些東西丟到九霄雲外，才能真正讓你重掌人生、工作和未來的船舵。

當你試圖取悅每一個人，你就無法取悅任何人——包括你自己。

為了克服這股取悅他人的衝動，你需要理解內在認可和外在認可的差異。內在認可是指你拿自己和自己比較，這時你的情緒狀態取決於你自己。外在認可指的是你拿自己和他人比較，需要基於這種比較進行能力認證。你恐懼遭到批評，渴望他人的喜愛和讚美，不停地拿自己和他人比較。

你還記得我們上一章講到，如果一個人的動機是從內在出發（像健康和身材），那他更有可能堅持自己的目標嗎？這是同一回事。你需要達到一種狀態，讓你能從自己的內心得到認可，因為這有助於你繼續走在正軌上，更真實地做自己，更投入你的本質、願望和未來方向。

你是自己人生的領導者，而領導者不會尋求喜愛和認可。領導者會領頭，會在有自信作出正確選擇的時候，承擔遭到反對的風險。告訴你自己，主動下決策意味著你有好好掌控自己的人生。如果有人不喜歡你這樣，那只代表了你勇於掌控自己的命運、充實地過好了自己的人生。

- 你準備好停止自我毀滅，然後建立成功的習慣了嗎？
- 你準備好控制大腦的習慣，讓自己不要在與人相處時，或在自己的生活裡，繼續犯下同樣的錯誤了嗎？

- 你準備好作出成功的決定、設立目標，然後真的貫徹到底了嗎？

如果你已經準備好，那就抓緊了，讓甜美的風拂過你的臉頰吧。因為你已經掌握了自己的人生與未來，接下來會是一段美好的旅程。

|6| 如何擺脫太好說話的個性

在英文裡，「不」（No）是長度最短的單字之一，但同時也是最難說出口的一個字。人們會犯下的一個大錯，就是認為說「不」會讓自己顯得自私、無禮或是不友善。回想你還小的時候，有多少次你輕鬆地說了「不」。怎麼到了長大成人，就變得這麼難說出口？

你在童年很快就學到了，向你的父母、外婆，或是老師說「不」，意味著你會因為無禮而受到斥責或是處罰。父母和老師往往喜歡隨和、好應付的小孩，然後他們對於不聽話，或甚至會頂嘴的固執小孩，總是感到特別棘手。

我對此有親身經歷；當我還小的時候，我就是很愛頂嘴的小孩，現在我成為母親，我的小孩也很愛說「不」，愛到我覺得應該幫他把中間名取為「不」。他最後當上辯論校隊的隊長，在家裡也一樣針對所有大小事進行辯論，辯得我差點瘋掉，就像我小時候身邊的大人那樣。

不幸的是，從孩提時代（順應大人的意思就能成為他們眼中的「乖小孩」）進入成人時期（你理應懂得如何設限，懂得自己的界限）的同時，說「不」這件事，對許多大人來說，還是和罪惡感、羞恥心，跟對孤獨一人或被拋棄的恐懼密不可分。

如果你很難開口說不、很難設下界限，那你會為此付出很高的代價。你最後會發現自己身陷困境，有太多的事情得做，但裡面大部分的事，都對你自己和你的生活沒有真正的價值。換句話說，因為你很難說「不」，你就卡在那邊浪費時間，做一些對你的人生、工作和未來沒有實質意義，優先順序很低的事情。而這一切之所以會發生，都是因為你當時沒能說「不」，以致於現在沒有足夠的時間或精力去做重要的事情。這會導致你不必要的壓力、會浪費你的時間，無緣無故讓你每一天的生活，乃至於整個人生都變得更加艱難。

那你怎麼會這樣對你自己？可能的原因很多：

- 你想幫忙。
- 你害怕被排擠。
- 你會因為說「不」而有罪惡感。
- 你很累，已經筋疲力盡。

學習說不一開始會很困難，但之後會漸漸變得容易。這還會讓你發現一個充滿可能性的新世界，因為你省下了寶貴的時間和精力，可以用在真正重要的事物上。

果斷拒絕，意味著你展現了一股健康的自信，能在為自己發聲的同時，仍然尊重他人的權利。這代表你既不被動消極，也不咄咄逼人。你直接、誠實、清楚地表達立場，這是只有你冷靜，掌握局勢時才能做到的事。

你也需要學習如何對自己說「不」。在你的大腦要你遵循老習慣和舊的行為模式時，向它說「不」。在你想要走捷徑的時候，對你自己說「不」。

在你要把人生的掌控權交給別人時，對你自己說「不」。在你的大腦試圖灌輸你負面資訊，告訴你「你不會成功」，或是用可怕影像轟炸你的時候，對你自己說「不」。對藉口和逃避人生責任說「不」。只要你做到這點，你就是走在成為6%俱樂部成員的康莊大道上。

|7| 如何沒有心理負擔地說「不」

有一件事對你的未來和成功至關重要，那就是設下界限，向某人說「不」。在你向某個需要你的注意、關心、時間，甚至是金錢的人說「不」時，不要為此感到過分內疚，或是對未來會發生什麼事感到害怕。說「不」是一種能幫助你的強大技能，讓你得以保護自己最重要的資源。我知道這很難。你害怕自己顯得無禮，或是讓別人失望。在你內心深處，你害怕他們可能不會愛你、不想和你工作，或者因為你拒絕他們而不原諒你。你知道自己需要說「不」，你也知道自己需要設下界限。但是妥協比較容易。

「也許這沒有很糟糕，」你對自己說。「也許我可以做到。」又來了，你只是出於恐懼，還有那種對說「不」的不舒服感覺，就放棄了你的寶貴時間和精力。畢竟，如果你習慣妥協，你的大腦就會把你拉去那個方向。但為了掌控你的人生，你需要掌控自己的時間和精力。只要你去迎合別人的目標，你就很有可能沒有足夠的時間，沒有足夠的精力專注在自己的目標上。

以下是教你如何沒有心理負擔地說「不」的懶人包。

直截了當

拒絕的時候不要拐彎抹角，說就對了。不要因為太害怕被人聽到你說「不」，而措辭模糊，留下任何混淆空間。不要說「我不確定我行不行」，要說「不行，我現在沒辦法再做更多」。如此一來，你的聲音就能夠被清楚聽見。

提供替代方案

當你無法答應，但又想幫忙的時候，提出其他解決方案。比方說，如果有人請你協助，你就說「我自己沒辦法，但我能替你聯繫可以幫忙的人」。

用「我」的句型來代替「你」的句型

當你拒絕別人時，盡量避免用責怪的口氣說話。你可以多使用「我」的句型，像是不要說「你的要求太多」，而是說「我需要專注在我目前的工作上」。如此一來，你就能以不咄咄逼人的方式，表達自己的需求。

練習積極聆聽

你可以在設下界限，拒絕他人的同時，保持同情心。你要在不妥協的前提下，理解別人的需求，然後讓他們明白自己理解他們的處境。這樣有助於保持良好關係。例如：「我知道這件事很重要，我完全能夠理解，不過我已經有其他任務在身了。」

堅定不移

有些人可能會試圖強迫你改變心意。你要堅定立場，然後冷靜地重述你的決定。不要過分解釋，只要說：「我很感激，但我的答案還是不行。」

避免太快許下承諾，先仔細想想

許下承諾前，想想你的優先順序。這項請求符合你的價值觀嗎？這會促進你的目標，還是改善你的生活嗎？仔細考慮你的工作量和幸福感。許下承諾前，好好思考，這會有助於你為自己作出正確決定。

說話有禮貌

就算是說「不」，也要保持禮貌和尊重。你可以先說些正面友善的話，然後再堅定拒絕。比如，「謝謝你想到我，不過我現在無法答應，感謝你的諒解。」

記住，你不是自私；你是在做正確的事

說「不」不代表自私，而是在照顧自己，可以幫助你保護自己的時間與精力。為了你自己的目標、需求和幸福感騰出空間，是一個正確的做法。這不是自私的展現，而是力量的象徵。

讓我強調一下這點，因為我知道這是個挑戰。設定界限，還有把自己放

在第一順位，不只是你可以做的事情，還是通往成功的關鍵。來探討一下原因吧。當你設立界限，你就像在掌舵的船長。你決定什麼可以處理，什麼不可以處理，藉此確保你的時間和體力都花在最需要的地方。

你要這樣想：如果你毫無限制地幫助所有人，那就像把自己的燃料都倒進別人的船裡，與此同時，你的船卻已經耗盡動力。但當你設下界限，你就像在說「嘿，我要先確保我的船狀態良好。」這不是自私，是聰明。

所以，當你把自己放在第一順位，你就是在確保自己擁有達成目標的體力和精神。你就像是一個園丁，細心照料自己的花園，讓它生長茂盛，好讓自己享受勞動的成果。當你設下界限，考慮自己，你就是在為自己的幸福和個人成長投資。這不只是你可以做的事情，還是你通往成功的道路。

|8| 掌控主導權的心態觀念

掌控你人生之船的船舵，還有設定你自己的航向，才是引導自己人生的正確方式。這是你的權利，還是你對自己的義務。這跟教育、金錢、個性或環境無關，單純只是掌控主導權，擺脫被動的受害者模式，也是捨棄所有理由、解釋和藉口的問題。

世界上有兩種人：一種能得到自己想要的人生、工作和未來，另一種擅長為自己得不到想要的結果找藉口。

當我接手掌控自己的船，不再從他人身上尋找藉口或前進方向的那天，我的人生開始有了美妙的全新改變。我已經花費超過十年的時間，在研究責任和承諾如何改變人們的生活。

這跟意志力無關，而是你和你自己之間的關係。你需要向你的目標和你自己許下承諾。你也需要對自己負責任。如果你做不到這點，你就是不夠愛你自己。

沒有錯，這是我說的。

多數人都以為找藉口，還有「保護」自己就是自愛。不是這樣的。自愛是勇敢地審視自己，為了讓自己和生活變得更好，而盡你所能地作出改變。自愛是愛著自己，愛到不會允許自己困在原地、盲目地按著電梯按鈕，讓自己永遠受困其中。

你要愛自己，愛到願意做出改變。

多數人和承諾跟責任之間的關係都很薄弱。人們總是打破承諾，然後找藉口。多數人都不敢對自己負責任，因為他們知道對自己負責，就表示需要付出努力。

讓世界上其他人去找藉口吧，但你不要。當你作出承諾時，你就會建立一個與新目標相符的自我概念。你會開始根據自己即將成為的模樣，根據你所作的承諾來審視自己。然後你會為了和那個形象保持一致，而改變自己的行為模式。

那就是魔法發生的時刻，也是你和自己想成為的人、想做的事、想得到的東西保持一致的時刻。為了做到這點，你必須成為主導掌控權，站在船舵前的那個人。那個人不能是你的父母、你的老闆、你的伴侶，或是你的孩子。那個人要是你自己。

PART

2

做出 改變的秘訣

停止惡性競爭。

停下腳步。

思考。

4
CHAPTER
如何真正設立目標

人們老是在開會。他們花費大把時間，永無止境地開會討論公司的業務目標和銷售預估。有些家庭會開家庭會議。如果你仔細想想，就會發現會議是維持所有組織或公司運作的一大要素，而任何一個組織或公司都不能在沒有設定目標和進行預估的情況經營下去。

現在想想你自己。你是自己生活的專案管理員——CEO、總裁、副總裁和支援人員。你一人身兼上面多種職務，但你從來沒和自己開過會。你多半不設目標，就算有，你也不會把它當作業務或工作目標那樣認真看待。你可能會在與他人談話、飲酒，或是做其他事情時設下目標，但你從來沒有和自己認真開過一次會。你太忙了。你知道人們都在什麼時候和自己開會嗎？心理治療的時候。這是多數人唯一和自己進行過的會議，也只有在那個時候，人們才會傾聽自己、詢問自己重要問題、確認自己的狀況，然後若是合作對象是一個優秀的治療師，你還會對自己負起責任。這是心理治療最美妙、最重要的一件事情。你會停下腳步。

|1| 停下腳步的力量

你有停下來過嗎？我是指真的停下來。我打賭如果你仔細回想，就會發現自己沒有這樣做過。沒有真的停下來過。現代社會已經把你的生活體驗變成一場惡性競爭，像在轉輪拚命賽跑的老鼠。你總是忙碌打轉，試著完成所有的事情——工作、生活、家事、雜務、和別人打交道——如果你好好審視自己，你會發現上一次你真正停下來，已經是很久很久以前的事了。

我說的「停下來」不是指去度假，我也不是指請假或休息。別誤會我的意思，這些都很棒，但都不是我正在講的事。

我想講的是停下來思考。停下腳步，和自己開個會。

你上次審視自己是什麼時候？你上次是什麼時候停下來，問自己這些問題：

- 此刻對你來說最重要的是什麼？
- 你對自己設定了什麼目標？
- 你做得如何？
- 你在哪些方面做得很好？
- 你在哪些方面需要多加留意？
- 你在哪些方面不斷拖延，需要好好趕上進度？

我是說，好好思考一下。你上一次是什麼時候，問問你自己這些看似簡單，實際上卻很關鍵的問題？我在我的書《2秒決策》（*2 Second Decisions*）裡，談論了關於做出改變的五個步驟：覺察、專注、支援、行動、成為。

覺察

這是一個讓你停下來思考、審視自己的狀態、確認自己還有哪些需要努力提升和成長的地方的時刻。你要認真看待這件事。停下來思考是五個步驟中的第一步。有些人從不停歇。因為他們不曾停下腳步，所以他們沒有機會去思考、反省，覺察自身狀態。如果你不停下來思考，提升自我覺察，那你加入6%俱樂部的希望就非常渺茫。所以要怎麼做呢？你需要遠離塵囂、遁入山林，每天吹奏長笛來反思嗎？當然不是。

你可以冥想，可以做任何能帶給你平靜和思考空間的事。什麼對你有用，就做什麼。不過無論如何，要給自己騰出時間和空間來思考，要審視自己，搞清楚你該在哪裡投注時間和精力，還有該如何利用它們。

騰出時間。把這想成你其他任何一場高層會議，預留充足的時間，讓自己不要匆匆忙忙，好誠實地和自己深入暢談。至少要有幾個小時，這樣才能真正思考。還要對自己有覺察意識。你在一天的什麼時候思考最順暢，早上、下午，還是晚上？根據這點來制定計畫。畢竟，這是你整個人生中最重要的會議，你會希望為此拿出最好的狀態。

確保你不會受到干擾。把它記在你的行事曆上，把手機調成勿擾模式，然後做其他任何你需要做的事，好讓同事、家人和其他人知道你這個時段沒空。

找個能專心的空間。選個你能舒適放鬆，但不會很容易被其他人、動物，或待辦事項干擾分心的地方。

我可以向你分享我是怎麼停下來的。我走路。每個我不需要旅行的早晨（這種日子很少見，因為大多時候我都生活在飛機上，但只要有機會我還是會堅持），我都會去走一個小時又十五分鐘的路。我走路的時候甚至不會聽音樂，我需要安靜。我會思考、審視自己。很多時候我還會用手機記筆記。等回到家，我已經理清頭緒，把一天的行程都規劃好了。我作了些重要決定，還得到一些突破性的見解。那是段寶貴的時間。

有一段時間，我習慣以游泳的方式停下來反思。換氣的節奏還有划水的動作都能幫助我停下腳步、思考、審視自己的狀態。我沒辦法做筆記，但效果真的很好。

準備做筆記。不管你喜歡紙筆記錄的老派作風，還是想用手機語音輸入，都要做好做筆記的準備。因為你等一下就會想回顧想法、提醒自己之前想到什麼主意。

對自己完全坦承。這不是含糊其詞的時候。舉例來說，如果你問你自己快不快樂，那你就應該給出肯定的答案，而不是「可能吧」、「還算快樂」，或「過得去」。沒有其他人需要看到這些答案。這是為了你自己，你對自己越誠實，就越能幫助自己向前邁進、得到自己渴望且值得的人生。

從這個段落開頭的那些問題問起，不過不要害怕深入探討。如果在生活中有哪些方面是你表現亮眼的，那很好！把這些筆記下來，然後記下你具體來說是如何做到的，這樣你就可以繼續保持良好表現，然後把同樣的工具應用到其他方面。在有待改善的方面，具體說明自己需要改進哪些地方還有原因。

專注

集中注意力，有意識地關注什麼事情需要發生，還有你需要做些什麼才能讓它真正發生。光是意識到自己想要改變或需要改變生活中的某些層面還不夠，你應該做好準備、專注在這些改變的實現上。這需要你在每天的日常生活中制定計畫，並且保持更深度的正念思維。這還意味著你即將要對抗自己的大腦，對抗它讓你啟動自動導航模式、盡可能減少耗能的渴望。我們晚一點會在這本書裡深入探討如何做到這點。

支援

準備好你的支援系統。你沒辦法靠自己做到這些，這個部分有點棘手。你可能已經發現了，當你想要作出改變時，不是生活中的所有人都能支持你。有些人可能擔心這會影響到他們，有些人會嫉妒你，還有些人會有壓力，覺得如果你嘗試新的改變，那他們自己好像也該這麼做。

讓自己身邊充滿正確的人很重要，要是些能支持你、理解你為何想要改善自己生活的人。看看周圍你認識的人。誰總是積極活出最好的人生？誰每天都在某些領域精進自己？誰總是毫不猶豫地給出鼓勵的話語？好好培養和這些人的關係，然後和他們分享你的計畫。請他們鼓勵你、督促你對自己負責任。

行動

這是你將自己的計畫付諸行動的階段，因為僅僅是制定計畫還不夠；你還需要實際行動。你不必一次完成所有事情。你可以從很小的步驟開始，漸進式地往目標邁進。事實上，這樣做反而更簡單、更容易進步，也更不容易氣餒。就像哲學家老子說的，千里之行始於足下。生活中所有值得去做的事情皆是如此。從小事做起沒關係，但你一定要開始。

然後要記得，永遠不會有「正確」的時機；你永遠不會達到最適合做你想做的任何事情的巔峰狀態。不管你現在正面對著什麼樣的風暴或阻礙，去做就對了。起身。做出行動。

成為

這是改變的終極型態。在這個第五階段，也就是最終階段，你的新習慣、新的改變，已經成為了你的一部分，還有你做事方法的一部分。當你處於自動導航模式時，這也成了你自動導航的一部分，是你的例行公事、你的內在的一部分，徹底融入到了你的生活之中。

當然，等你到達這個階段，你又可以從頭來過。現在你已經達成了目標，那下個目標是什麼呢？改善生活是一個永無止境的循環。

2 設立目標時最常見的錯誤

當我在二〇二三年一月初調查一千個人時，他們全都覺得自己設好了目標。畢竟當時新年剛過，他們已經下定決心，要在新的一年做出某個改變。還有什麼比這更讓人興奮的嗎？

他們當中，94%的人完全不曉得該怎麼做。然後到了二月，他們的決心已經消失殆盡。

問題其實很簡單。還記得我跟你說過，當你做出任何改變，你就是在跟自己的大腦作對嗎？你已經知道，你的大腦光是要維持運作，去做你已經知道怎麼做的事情，就要花上20%的身體能量。所以每次你要大腦做點不一樣的事，像是建立新的習慣、新的應對反應、新的心態，或改變做事方法，你就是在跟你的大腦作對。你的大腦希望你重複一樣的舊習慣、你慣常使用的老方法，因為比起開始新的習慣或者改變做事方法，這對大腦來說比較不耗能。

現在我要你把自己的大腦想像成一個卡通人物，假設它能跟你說話。現在這樣想。當你承諾做出的改變太模糊的時候，你的大腦就會討價還價。如果你說「我想減肥」，大腦就會說「你想減多少？要怎麼減？我是說，我們已經試過也失敗過了，那幹嘛還要讓自己經歷這種挫折呢？」

你可能會反擊：「但我可以運動啊。」大腦又會怎麼回呢？「我們沒時間上健身房，家裡又沒器材，至少沒有我們想用的器材。這太難解決了。」

針對你的每個目標或決心，你的大腦不是找藉口，就是裝傻。它會用這種想法來反駁你：

- 「吃更多蔬菜是什麼意思？我的烤馬鈴薯濃湯裡有放蔥，這個也算啊。」

●「你想對其他人多有耐心？而且對象不是所有人，對吧？」

●「你說你想存錢是什麼意思？看，地上有一枚硬幣。好啦，我們做到啦。」

●「但刷社群媒體**就是**和其他人相處啊。」

●「你不能要求升官，你的工作已經太多，沒有時間或力氣承擔更多。」

●「你知道的，錯不全在你。如果你哥哥想和好，那他可以打給你。為什麼是你要主動？」

●「你現在拿不了新的學位。你沒錢。更別提這要花多少時間。」

●「我不知道這是什麼意思，也不知道你覺得自己要怎麼做到。還是回到以前的老方法吧。老方法好用、安全又舒服。我們兩個都會感覺比較好。」

是的，你的大腦滿嘴藉口，所以你需要做好準備。模糊是成功的大敵，是良好初衷的失敗。這就是為什麼事情無法完成、目標無法實現、夢想和抱負只能停留在夢想和抱負，不論你有多渴望，都無法變成現實。你的大腦試圖讓你留在舊的行為模式。還記得我們講過你的大腦想要簽的合約嗎？要你毫無意識、一遍又一遍地走老路，作出大致相同只有輕微差異的選擇，就只為了幫大腦節能省電？這就是為什麼94%的人會在虛線簽名，然後原地踏步，內心擁有渴望、談論著這些渴望，嘴上說著自己要去實現，但實際上不會堅持到底。

現在你已經停下來反思了，這是你細讀合約小字的機會，也是你對自己這麼說的機會：「我絕不會簽這個東西，這對我來說一點用都沒有。」今天你要和自己的大腦簽下新的交易合約。我來告訴你該怎麼做。

3 設立目標的正確方法

外面有很多人能迅速教你如何設定目標，有一些設定目標的系統。例如，很多人對設定目標的SMART系統很熟悉。我不是不同意這個系統，只是我完全沒有遇過哪個人，下定決心改變自己的事業或生活後，就這樣坐下來，開始設立目標，同時試圖記住每個字母代表的意思（具體性Specific、可衡量性 Measurable、可達成性 Achievable、相關性 Relevant、有時限性 Time-Bound）。小組會議？也許有。個人簡報？當然，有時候會。但我從來沒有認識哪個人，會在自己想要變得更健康、更會理財、修復關係，或在職涯和事業上取得進步時，使用了這個工具。

我喜歡簡單的事物，越簡單越好。所以以下是設定目標的簡單方法：

要超級具體。對於你想要改變的東西，你要思考得非常入微。任何細微的模糊性，都會為你的大腦留下餘地，讓它把你拉回以前的習慣。

用0－10來劃分等級。用0－10的標準來判斷這個目標此時對你的生活有多重要。0指的是你完全不在乎，甚至不知道自己為何要關注的目標。10代表你對此超級熱衷，而且是你現在的首要之務。

選出三項不同的具體執行事項。現在，仔細具體地制定計畫，具體列出三項，你為了確保目標達成，將在接下來三十天內去做的不同事情。

在我的活動裡，我會邀請人們具體、現實地設立目標。我還會邀請一些人和大家分享，他們如何超級具體地訂定目標，他們把自己的目標排名在什麼數字，還有他們為了達成目標，將在未來三十天內去做哪三項不同的事情。

舉例來說，莎莉（Sally）的目標是連續三十天，每天早上都去運動。當她被我要求深入一點時，她解釋她要連續三十天，每個早上都去健身房三十分鐘，從早上六點到六點半，一天使用登階機，一天進行重量訓練，每天輪流。她還會在手機裡設定備忘錄，從明天就開始執行。注意到她有多具體了嗎？她沒有給大腦留下逃避空間，讓它沒有任何機會對她說，它不知道她到底想要什麼，或是應該要怎麼做。接著，她把這個目標評為等級十，因為這對她來說超級重要。

所以她為了確保達成目標，選了哪三項不同的執行方法呢？首先，她每天晚上會把自己的健身包包放在床邊，裡面放有她的衣服、鞋子和水壺，這樣第二天早上就可以馬上出發。這樣就不會等她找到所有東西、全部整理好後，才發現時間已經不夠。第二，她要每天晚上早一個小時上床睡覺，這樣才不會為了達成新的目標而犧牲睡眠時間。第三，她不要用手機鬧鐘，而是改用實體鬧鐘叫她起床，這樣她才不會在自己該起床梳洗的時候，掉入瀏覽新聞、社群媒體、郵件或任何其他東西的陷阱。

莎莉制定了一個計畫，而且針對達成方式和重要程度都非常具體。當你想要取得成功時，這就是你設定目標的方式。

戴夫（Dave）想改善自己和三個成年女兒之間的關係。這是令人欽佩的目標，但是它本身給大腦留下太多轉圜空間，它可能會問你：「怎麼做？」這時，戴夫的計畫制定開始詳細了起來。

首先，他想得更加具體。他決定連續三十天，每隔一天的晚上七點，在晚餐過後，都要打電話給每一個女兒，和每個女兒講上十五分鐘的電話。第二，他把這個優先順序評為等級十四，因為他說他女兒應得的重要等級遠超過十級。

第三，他需要選出三種不同的執行事項。他選擇在晚餐時間關掉電視，這樣他才不會禁不起誘惑，在晚餐之後還繼續看下去。他在手機上設了鬧鐘，讓鬧鐘提醒他何時該吃完晚餐，準備打電話給第一個女兒。最後，當他吃晚餐不再看電視時，他會改成思考自己想問每個女兒的問題，讓自己具體了解她的生活近況，好讓他積極聆聽、表達支持，讓她講講自己發生的事。

戴夫很認真要積極參與女兒的生活。他不是把它當作一個模糊的目標；他制定了計畫，努力完成，致力於加強和女兒之間的關係。

克莉絲汀（Kristen）的目標是建立一筆緊急預備金。再說一次，這是一個令人欽佩的目標，但背後若是不存在任何具體性，那就沒有太大意義。她決定透過分析她的消費習慣，一個月存兩百美元，找出她平常花太多錢或浪費錢的地方，然後取消那些支出。她把這個目標評為九級，而她選擇的三個改變方式很有趣。首先，她要使用銀行提供的手機應用程式，讓它檢視自己的固定訂閱服務，記錄使用狀況，接著馬上取消三個她很少用或從來沒用過的付費訂閱。第二，她設了個鬧鐘，每天晚上在她上床前，會提醒她要記帳，把當日支出記錄在試算表裡。第三，她要在每週日晚上回顧當週的花費，找出她可以改善的地方。她後來聯絡上我，告訴我，雖然她知道戒掉每天早上喝咖啡的習慣會是明智之舉，但對她來說，每週三天自己帶便當比較容易做到，所以她反而大幅降低了午餐開銷。她最終達成了目標，一個月省下比兩百美元多一點的錢，存進她的儲蓄帳戶裡。

這三個人都成功達成目標，並在過程中建立了新的習慣，改變了他們的生活。這三個人都加入了6％俱樂部的行列。他們很清楚地設定了目標，專注在對他們極為重要的事物上，然後為未來的三十天訂定了一個具體詳細的計畫。

4 實現真正持久的改變的秘方

現在你已經知道這個醬料秘方了，但這還不足以構成6％俱樂部的全餐；這本書的每個部分都對於做出改變至關重要，但現在這個秘方是你應該意識到的一點。這不複雜，也不嚇人，而且你絕對做得到。當你承諾做出改變時，自己真正的願望是什麼，對此有多渴望，還有在未來三十天內要用哪些不同的方法來達成目標——你對這些問題設想得越具體、越詳細，你貫徹到底的成功率就越高。換句話說，「我想回學校念書」跟下面這種說法存在著巨大差異：「未來三十天內，我要去申請一個MBA課程[5]。這在我心中的優先順序排行十級。我這個週末要來搜尋當地和線上的MBA課程，比較它們的耗時、花費、聲望，還有課程的廣度和深度。我要選出自己最喜歡的三個ＭＢＡ課程，看看入學要求是什麼。接著我要整理好我所有的申請資料，在三十天內的每個週末逐步準備，包括報名我需要參加的入學考試，申請我需要的成績單，蒐集我需要的推薦信，最後將所有文件寄出。我要在這個月的最後一天以前完成這一切。」

你越具體越詳細地定義自己的目標，還有未來三十天內的實現方法，你就越能抑制大腦讓你一遍又一遍重蹈覆轍的傾向。你正在向自己的大腦發出信號，告訴它你是認真的。這對你來說真的很重要，而且你要讓它成真。

使用電子產品對你有好處。當你下定決心要做某件事，並且詳盡地規劃未來三十天內到底要用什麼方法來確保目標實現時，你可以使用科技設置提醒功能，讓自己貫徹始終。

某一場會議的與會者告訴我，她打算多吃蔬菜水果。「很顯然，」她說。「這件事其他人都在做，我卻沒有做到，所以我需要開始做這件事。」因為

5 Master of Business Administration（工商管理碩士），是一種提供商業管理專業知識和領導力訓練的碩士學位。

她現在知道了加入6%俱樂部的秘訣，所以她不是口頭說說要多吃蔬菜水果而已，她說作為晚餐的一部分，她要每天晚上六點吃一種蔬菜或是水果，然後這件事對她來說，有十級的重要性。

我要她在所有的電子裝置上，都設定一個晚上六點的提醒事項，提醒她要吃她的蔬菜水果。我告訴她，我要她的手機、手錶還有筆電，在每天晚上六點都顯示提醒通知，提醒她去吃一樣蔬菜或是水果。我直視她的雙眼，告訴她：「堅持三十天，每天同一時間。我向妳保證，三十天後，妳就不需要提醒了，妳自己會去做。這件事會變成妳日常生活的一部分。」

現在也許看起來微不足道，因為每天吃一份蔬菜或是水果是個很小的轉變，不足以改變人生。但如果你知道了該怎麼做，如果你把它應用在生活中的其他層面，你的目標就會變得越來越大，影響也越來越大，你自己則會變得越來越好，那該有多棒啊！你知道怎麼做了，你知道如何做出改變。

當你說你要去做某件事時，別忘記設定一個期限。記住，你正在和自己的大腦作對，而你的大腦巴不得讓你走回過去的老路。

當你承諾去做某件事時，如果你沒有一個明確的期限，你的大腦就會想出很多讓你不要開始的藉口。根據不同情況，它可以選出無限多種藉口。「你的家人要來拜訪。我們要去度假了。禮拜一才是適合開始嘗試新的事物的日子。你沒有運動服，而且你不該花錢在這上面。你不會做飯。學費太貴了。你現在沒有時間找其他工作。你的情人沒有那麼糟，而且你不想自己出席那場婚禮。你老一點的時候就會賺錢，就有大把時間存退休金。健康飲食太貴了，而且要花太多時間準備。待在你熟悉的地方。你可以等職涯穩定再來生小孩。等你的小孩搬出去你就有時間創業。如果你把手機放下來，跟你的家人好好對話，那你怎麼知道世界上發生了哪些事？」

當你設定了期限，你就是在對大腦傳送信號，告訴它你是認真的。沒有模糊地帶，這件事將要發生。期限會帶來一種迫切感和明確的框架，這兩樣都是你停止拖延、開始行動的必要條件。

操控你的環境，而不要仰賴你的動機。動機這種東西很脆弱。有的日子你有動力，有的日子你沒動力。還有的日子你起初動力滿滿，接下來卻太過疲累，或者有事發生，又或者壓力太大，因此放棄了整個計畫。

你不能仰賴自己的動機。

你比你自己想得更容易因為環境而影響決策。這裡有些例子。如果你想減重，決定做出改變：那就選個小盤子，讓自己吃少一點。老是錯過健身課程？那就在晚上把你的運動服放在床尾，連同運動鞋襪一起。懂我的意思了嗎？別管自制力了，讓你的生活輕鬆一點。操控你環境裡的一樣東西就好，讓它來帶你成功。只要你改變了環境裡的那樣東西，你就能重塑大腦，培養出更健康的新習慣。

5 設立目標時該做和不該做的事

我為你建了一個清單，列出了你設立目標時，該做和不該做的事。

該做的事：

1. 從小事做起：你會想循序漸進，先設定容易達成的小目標。這不僅能讓你避免氣餒和不知所措，也能幫助你確定要怎麼往更大的目標前進。一旦你達成了第一步，你就可以邁開下一步，然後再下一步。多次成功累積的動力，可以幫助你保持積極、持續向前。很快地，這些小目標的成功和成就便會形成一種習慣。

2. 一次選一個目標：你有聽過「要懂得選擇自己的戰役[6]」這句話嗎？那這句呢：「永遠不要在多條戰線上同時開戰」？記住，你的大腦在和你作對。它不想花費額外的精力來做或是學習新的事情。這就是為什麼你需要一次選一個目標。一旦你達成了它，或者建立了新的習慣（如果這是一項持續的活動），你就可以著手處理下個目標。一次嘗試做太多事情，你一定會失敗。

3. 盡可能地詳細具體：你的大腦正在找藉口，因為它不想耗費更多能量或嘗試新的事物。不要讓它有機會告訴你，它不知道這件事該怎麼做，或是

6 pick your battles，意思是勸人不要隨便跟人起衝突，應把精力放在重要的事情上。

什麼時候做。你把目標設定得越具體，你的大腦就越難逃避它。

4. 設定一個截止期限：當你營造了一股急迫感，你就會強迫自己前進。這和具體之間的關係密不可分。就因為這件事不用馬上完成，或者可以晚一點再開始——你不會想為了這些原因，讓自己的大腦逮到機會拖延計畫。設定一個三十天的截止期限，讓自己在期限內達到目標，強迫自己努力完成。

5. 操控你的環境，而不是仰賴你的動機：你的動機會依據你的心情、體力，或者身邊任何時候的任何可能性起伏不定，就像個每天每夜、時時刻刻都在改變的移動標靶。這就是為什麼你不能仰賴它來完成你的目標。相反地，你需要操控你的環境，一小步一小步地接近目標，盡可能讓整個過程像反射動作一樣，輕鬆不費力。當你一早醒來，你可能會沒有動力下床，收拾去健身房要帶的東西。這就是為什麼你需要在前一晚把所有東西都準備好，把這件事當作日常生活的一部分，讓它們在床邊等著你。

6. 把它寫下來：把目標寫下來，可以讓它更真實、更具體。這樣一來，它就會從你凌亂的腦海來到現實世界，置於你的手中，變得更真實，更有實體。把你的目標打在手機裡，掛在浴室的鏡子上，放在你會常常看到的所有地方。這樣你就能時常提醒自己，你在做什麼，你要怎麼做，還有這件事對你有多重要。

7. 至少告訴一個人：就像我們前面討論過的，你的大腦不想要加重工作量，所以祝你好運，希望它真的能讓你為想實現的目標負起責任。你需要有人能讓你回報狀況，這個人要督促你，確保你正在照著自己的話去做。理想上，這個人最好也有一個目標，這樣你也可以督促他對自己負責任。但就算找不到有目標的人，你還是至少要選一個人，確保對方會強迫你回報進度，向你確認近況。

8. 在同樣的時間做同樣的事：重複是養成習慣的關鍵。不要在隨機的時間做那件事，這樣會花太多力氣來搞定，還會讓你的大腦有可乘之機，打亂你的節奏，讓你夜晚躺在床上，想起自己根本沒有花時間去做你該做的事。如果你要運動，就在每一天的固定時間運動；如果你要每天多吃一份蔬菜或是水果，就在每一天的同一餐吃。在同樣的時間做同樣的事，你就會建立一套行為模式，踏出一條堅實小徑，讓它變成你新的習慣。

9. 使用電子產品提醒自己：在這個數位時代，你沒有藉口說自己「忘記」去做什麼事。在你的手機、電腦、筆電、智慧手錶、語音助理（Alexa、Fitbit等）、智慧手環，還有任何其他可行的地方，通通設定一個鬧鐘，讓你永遠不要在實踐新的做法時「錯過」時機。

不該做的事：

1. 放棄：如果你搞砸了，那就從頭來過，連續三十天重複同樣的動作，直到它變成你和你做事方法的一部分。記住，你的大腦想要你放棄，所以別讓它贏了！

2. 讓你自己不堪負荷：不要一次嘗試太多新的東西，或是選擇太大的任務。選一樣就好，專心去做。如果你有個遠大的目標，那就把它拆分成幾個細小的目標，然後專注在第一個上面。你追求的是盡可能輕鬆的勝利，尤其在一切剛開始的時候。很多人之所以會失敗，是因為他們一開始野心太大，做了超出自己能力範圍的嘗試。

3. 聽那些試圖告訴你你做不到的人的話：就算不去聽外界的負面聲音，你本來就很難克服自己的大腦了。記住，最快跟你說你辦不到的人，往往都是那些自己辦不到的人。不要讓他們的想像力、勇氣、野心或視野匱乏來礙你的事。這是你的人生，你的船，而你是自己的船長。

4. 對自己太嚴苛：每個人都會有跌倒的時候。每個人都會失敗，每個人都會苦苦掙扎。不承認這件事的人就是在說謊。當你沒有達到自己設定的目標，或是失敗時，對自己寬容一點。站起來，拍拍身上的灰塵，然後繼續向前。不要沉溺於失敗，不要放棄，也不要浪費好幾天、好幾週的時間在怪罪、憐憫或沮喪上。如果你的午餐完全搞砸了，吃下了三倍的碳水，那就隨它去吧。這不代表你的一整天都完蛋了。晚餐就快到了，你還有機會讓自己重回正軌。

5. 忘了照顧自己：忙碌的人、積極進取的人，還有想改善自己生活的人，常常會忘了照顧自己。若是不照顧自己，你就會筋疲力盡，然後沒有體力做出改變。所以去給人按摩，和你的老朋友打場高爾夫球，花一個小時坐下來冥想，或什麼事也不做，藉此讓自己平靜下來，再重新集中注意力。

| 6 | 知道如何設立目標能帶給你力量

知道如何設立目標，就好像擁有一張指引成功方向的藏寶圖一樣。這是一項工具，能讓你更有自主能力，幫助你掌握自己的人生。想像你正在旅途中，手上卻沒有地圖。你會感到迷茫，不確定自己要去哪裡。但當你設定好明確的目標，這就好像繪製了一張地圖，指引著你的前進方向。

目標會為你帶來方向和目的，它們能幫助你把自己的精力和努力集中在對你真正重要的事物上。就好像你說：「這就是我想去的地方，我下定決心要到那裡。」隨著你設下目標，你就成為了自己人生之船的船長，朝你一心嚮往的目的地駛去。這股力量也來自於對神經科學的一點認識。

現在讓我們來探索背後的科學原理，了解為什麼設立目標能帶給人們力量。在你的大腦裡，有一個神奇的東西叫做前額葉皮質（prefrontal cortex）。它就像你大腦的控制中心，幫助你制定計畫、作出決定，還有保持專心。當你立下一個目標時，你的前額葉皮質就會開始運作，為了達到你的目標而著手制定計畫。

還不只如此。當你設定了明確的目標，你的大腦就會釋放一種名為多巴胺（dopamine）的化學物質。你可以把多巴胺想成一種獎勵信號，它會在你朝目標邁進時讓你感到快樂。這種化學物質會激勵你繼續向前，就像一個啦啦隊長在你腦袋裡說：「你做得很好！繼續努力！」所以設立目標不只能為你提供方向，還會讓你充滿動力、心情愉快。

每一次你設定目標，堅持下去後，你的大腦就會獎勵你一劑多巴胺。這就像你的大腦在和你擊掌。這種正向的鼓勵可以讓你繼續加油前進。這就是為什麼設定目標能帶來這麼多力量。你不是只在作夢而已；你還在朝自己的夢想積極邁進，而你的大腦沒有扯你後腿，反而樂此不疲。你的大腦熱愛多巴胺。

當你設定了目標，你就有了人生的GPS定位系統，也有了通往目的地的路線指引。你可以在沒有導航的情況下開車，然後迷路，但也可以在最棒的GPS指引下，更快開往目的地。還有什麼能比這賦予我們更多力量的嗎？

7 每天都要問你自己的首要問題

有一個你每天都需要問自己的問題，你永遠不能忽視它。這個問題總是會為你指出正確的方向。「現在最重要的是什麼？」這個問題會幫助你管理自己的時間、優先順序，和精力。我有一個很棒的工具能幫助你做到這點。我在大約二十年前開發了這項工具，從此之後我在生活裡也常常用到它，我和世界各地的高層領導、團體，和個人一起使用，過程中我看到了很多美妙的事情發生。我想要讓你也擁有這項工具。這個工具叫作0－10原則，我等不及要跟你分享。我們在章節的前半段提過這個原則，但接下來，我們才要在下個章節真正深入探索它。

6%

問題不在於你忙不忙。
問題在於：你在忙什麼？

5

CHAPTER

0－10原則

你的腦袋亂七八糟。想法、恐懼、希望、別人告訴你的事、你想告訴他們的事。後悔、願望、等待消化的新資訊。感受、要下的決策、你忘了的東西、你記得的東西。你很累。你很餓。你的小孩生病了。你的老闆又不講理了。

你亂七八糟的腦袋需要作出決定。它需要作出正確的決定，還需要判斷輕重緩急。而你需要管理你的精力、時間和注意力。

當你身邊發生那麼多事情的同時，你要怎麼找到時間跟心力去做這件事？當你的腦袋這麼疲憊，有這麼多事要做，還有這麼多資訊湧入腦海，你要怎麼根據自己的時間、優先順序、需要關注的事物，還有需要做的事情，把注意力集中在正確的決策上？

我有一項工具能在這方面為你提供有效幫助。它可以幫助你排除噪音，了解自己該做的事。它叫0－10原則。

1 什麼是0－10原則，我是怎麼開發出來的

我是在攻讀心理學博士學位時開發0－10原則的。我們當時在學習，身為治療師，在面對憂鬱症病患的時候，要如何使用一種量表系統。當一個人罹患憂鬱症時，好像一切都很黑暗。如果你問他，和昨天相比，他今天有沒有感覺好一點，他會很難回答這個問題。因為昨天是黑暗的，今天也很黑暗，明天看起來也是一樣黑暗。

做為培訓中的治療師，我們被教導要用一個0－10的量表系統來幫助憂鬱症病患，同時也幫助身為治療師的自己，觀察情況是否有所好轉。最低0分，代表情況最糟，最高是10分。這個量表背後的想法是，數字有助於釐清狀況。所以假如昨天是2分，今天是3分，那就代表有進步。我們就可以看看能不能往4或5分努力。

當時，我自己也很掙扎。我是一位全職工作的母親，帶著三個小小孩，同時還是全職的博士生。我的每一天都很漫長，卻又沒有足夠的時間來完成所有的事。小孩是我的一切，我不會為此影響他們的成長。我和亞當的婚姻也是我的一切，所以我也不要搞砸這段關係。我們的經濟狀況不容許我辭去全職工作，但我也不打算放棄我的博士學位，因為我想要變得更好，好讓我的人生提升到更高的層次。所以我是怎麼做到這一切的呢？

當我們學會使用這個量表來檢測憂鬱指數，並且親眼看到它在大學診所的病患身上起了多神奇的效果時，我有了個想法。我告訴自己，如果我把這個0到10的量表工具，從憂鬱症的領域，借到制定決策、優先排序，還有時間管理的領域呢？它能幫助我搞清楚自己要做什麼事，如何排列優先順序，還有如何分配我少得可憐的時間和精力。

我還記得自己想到這個點子的那天。大概是博士學位念到一半的時候，我需要接受一位委員的面試，才能繼續進行研究。我接受面試的時候身心俱疲、睡眠不足，臉上掛著大大的黑眼圈。在那場面試，我被問到的其中一個問題是「妳面對的最大挑戰是什麼？」

我猜面試官期待聽到我說某堂特定的課、某項課題，或是和病患治療相關的事情，但我直截了當地說：「時間，我沒有足夠的時間。課程不難，閱讀也不難，我喜歡我正在做的事，我只是沒有足夠的時間。」

在第四章，我討論到停下腳步的力量。我講到我們在惡性競爭中，常常沒有停下來思考，還有停下腳步能為我們帶來自覺，是改變的第一步。那場面試就是我停下來的時刻。一直到那一刻為止，我都還忙著趕進度，甚至沒有停下來好好思考。當我聽到自己的答案，時間，連我自己都很驚訝。在那之前，我沒有想過這件事。也是在那個時候，我想到了這個點子。如果我把那個量表系統拿來幫助自己，讓我能夠分辨輕重緩急，搞清楚對自己最重要的事呢？

我是一個講求重點的女人。我沒有耐心聽太多廢話，我承認。如果這件事很重要，我可以仔細傾聽，我會非常專心、全神貫注地聽。但如果這是一兩句話就能總結，卻被說得太過冗長的故事，我的大腦就會感到疲憊，只想從裡面找到重點。因此，這個量表系統對我這種人來說堪稱完美——排除噪音，切入重點，我就懂了。所以我開始把它應用到我的生活裡。

|2| 0－10原則會改變遊戲規則

當我開始把0－10原則用到自己的生活時，我馬上就意識到這對我來說有多神奇的幫助。我不可能做到這全部的事。我在學校的閱讀量大到驚人，職場的工作量很重，家裡的小孩又年幼，很需要我，需要操心很多細節：足球練習、午餐、共乘拼車、小孩聚會，還有陪伴——要付出大量的愛與陪伴。我開始在每一件事上使用0－10原則。你的時間和精力是你最重要的兩種資源。我們等等會談到精力，但現在要先來談談時間的事。

任何時候，只要我感到不堪負荷，不確定怎麼分配時間時，我就會使用量表系統。我現在該做這件事，還是做那件事呢？如果其中一件是2分，另一件是10分，我就會去做10分的事。我只要花兩秒鐘的時間下決定，就能把腦力集中在最重要的事情上。以下是我會用0－10原則評估的事情：

- 閱讀老師指派的八頁課文是5分，準時送小孩上學是10分。我選擇把小孩準時送去學校。

- 為我的家人做一頓健康的晚餐是7分。叫外送，讓我可以在回去用功以前，和我的孩子玩上一個半小時的時間是9分。於是我叫了外送。
- 睡滿六個小時，讓我隔天工作時能保持最佳狀態是5分。熬夜完成我的期末論文，準時繳交是10分。我選擇熬夜。
- 在午休時間念書是8分。給我先生一個驚喜，邀請他共進午餐，好讓我們有更多獨處時間是10分。我們吃了頓豐盛的午餐，就像在約會一樣。

儘管我現在已經不用努力兼顧工作、課業和小孩，我還是會在日常生活中使用0－10原則。我確實還是有很多要務在身，但就算我沒有，我還是會把這套原則應用到我所有的決策裡。

舉例來說，當我在寫這本書的時候，我家小孩來看我。當我兒子催促我到院子和他們待在一起時，我正寫到這個章節的一半。

「來啦，」他說。「我明天就要走了，過來跟我們坐在一起。」

一直到今天，我都還覺得0－10原則很有用。我在兩秒內告訴自己：「現在寫完這個章節是7分，我可以晚點再寫。現在和我的小孩相處是10分；有些時光錯過就不再。」

我拿著我的咖啡，離開書桌，然後坐到戶外的陽光底下，和我的孩子在一起。不要誤會，我除了要寫完這個章節以外，還有衣服要摺（2分）、碗盤要洗（5分），也有帳單要繳（6分）。但我不能一次解決，對吧？這樣會忙不過來。隨時搞清楚什麼是當下最重要的事情，這種思緒清晰可以徹底改變遊戲規則。

這還能幫助你控制自己的大腦。尤其在你的優先事項（9和10分）同時也是你平常不會做的事情時，這點就變得更加重要。這樣一來，當你的大腦試圖走回習慣的老路，要你把注意力集中在沒那麼重要的事物時，你就可以趕快奪回主導權，因為你有能力迅速辨識出，現在什麼是你真正重要、真正需要的東西。

我和世界各地的高層領導合作，每當我從研究或是個人經驗中發現了什麼有用的方法，我就會和他們分享。所以當我成功地把0－10原則應用到自己的生活之後，我開始跟其他人分享這個原則。我知道這對我來說很有用，但起初我還沒有意識到，它到底會帶來多大的幫助，起到多大的效果。

我發現，領導者常常會因為試圖一次解決所有事情而忙不過來，忘記專注在對他們個人的成功，還有對團隊的成功最重要的事情上。而他們領導的團隊，成員往往也都分不清輕重緩急，還覺得自己過度勞累、筋疲力盡、不堪負荷。這些情況導致的結果，就是效率低落、浪費時間，人們疲憊不堪，工作和生活徹底失去平衡，迫切需要幫助。

在我進入那些組織時，看到每個人就好像頭戴眼罩的馬匹，只能專注在自己正前方的事物上。他們都很認真工作，很多人花費了大量的時間，試圖把事情做好，但最終都只是將大把的時間浪費在無謂的任務上，讓公司的目標毫無進展，他們自己也達不到更好、更理想的工作表現。我很同情這些人。就像我讀博士時，和面試委員講的那樣，他們也都迫切表示自己需要更多時間。但是根據我學到的經驗，我知道他們真正需要的不是更多時間，而是能快速有效分辨事情輕重緩急的能力。

以人類的角度來說，我們不可能一次解決所有的事情，領導者需要學會以0－10原則迅速決定優先順序，然後把這個做法同時應用到生活和團隊領導裡，並且教導團隊裡的人去做一樣的事情。當我對那些領導這麼說時，他們都會瞪大雙眼。有些人鬆了口氣，有些人保持懷疑，但是都在靜靜聆聽。他們從來沒有這樣想過。他們就只是忙碌奔波，試圖把事情搞定，然後鞭策團隊成員去做同樣的事。大多數擁有足夠動力和野心爬到領導階層的人，一生都相信，如果想把事情做好，就要自己來，或是比起向別人解釋怎麼做，不如自己動手比較快。他們也相信自己能做到一切，如果不行，那就是有哪裡不對，他們只需要加把勁，更努力去做就好了。

你不必去做所有的事，只要了解這一點，你就能擁抱很多人永遠無法達到的，頭腦清晰的自由狀態。這是個美妙的體驗。

他們問我：「那2分和3分的事怎麼辦？那些事也需要完成啊。」

我告訴他們有很多選擇：他們可以委託別人，可以延後到有時間處理的那天，或者（天啊！）乾脆放棄那些2、3分的事，反正它們也不是真的很重要。很多人就算是對2分的事都很難放手。但你要這樣想：你本來就沒辦法把所有事情做完，那你寧可放棄2分的事，還是10分的事？

假如給客戶打電話是10分，準備一個 Excel 試算表是4分，那你此時此刻應該做什麼事，是打電話給客戶，還是忙著處理你的試算表？

如果對你來說，訓練某人處理你所有的6分、7分、8分事項，這件事在你的清單被列為9分等級，那你應該關心這件事，還是跑去參加一個6分等級的會議？花時間去訓練那個人。這樣最後他就可以代替你去開會，事後再用三分鐘向你報告重點。

然後來到個人層面，如果現在去運動對你來說有10分的重要性，但你還在浪費時間滑手機（0分或1分），那你現在該怎麼做？

如果和你不太在乎的朋友講話是 2 分，但趕快完成一個專案，讓它不要占據你和家人的相處時間是9分，那你現在該怎麼做？

針對0－10原則的回饋鋪天蓋地而來。世界各地和我合作過的領導者紛紛來訊，用訊息或書信告訴我：真的有效，太神奇了，我們在所有團隊會議裡使用這個原則，我也把它用到我的私人生活裡。它讓我們能專心去做最緊急的事，把最重要的事情做好。我們的生產力一飛沖天，而且遠比以前輕鬆很多。

那些領導把0－10原則分享給他們的員工、客戶還有朋友，大大改變了人們的生活。它創造出更快樂、更健康的生活環境和職場，讓人們能完成更多重要任務，讓他們的事業進步。

|3| 專注在最重要的事情上

我們身處一個歌頌忙碌的文化之中。每個人都很忙。隨便問一個人，他都會跟你說：「對啊，我最近好忙。」這幾乎成了一種榮譽勳章。也有可能他們只是羞於承認自己不忙，因為他們總覺得自己應該要很忙。畢竟，我們每個人都在這場惡性競爭裡，身處其中而無法放鬆。

關於這點，我需要告訴你一件事：忙不代表任何事情。你很忙，不代表你的生活就真的有在向前，或是有所成就。真正要問的問題，不是你忙不忙。真正的問題是：你在忙什麼？你正在處理最重要的事情，還是你只是忙得團團轉，浪費很多時間精力，實際上的成就卻少得可憐？

有太多人把他們的時間和精力花在2、3分，或是1分的東西上，甚至沒有去做9分和10分的事情，任由日子在「忙碌」的迷霧裡流逝。

你有沒有過，已經到了禮拜五，你卻不知道一整個禮拜的時間都去了哪裡？你有沒有過，檢視了自己的待辦清單，卻發現只完成了一半的事情，而且上面最重要的事通通都沒有做？你有沒有過，回顧了過去的一週、一個月、一整年，然後意識到生活被很多沒有意義的瑣事占據，那些事從來不在你的待辦清單裡，卻總是霸占著你的注意力？你這個月完成了多少0分、1分和2分的任務？那8分、9分和10分的呢？來吧，花點時間把它們加一加。我打賭算出來的數字一定會嚇到你。

你可能也會被這件事嚇到：儘管你超級忙碌，但其實你幾乎沒完成任何對你來說真正重要的事情。有些人終其一生，整天忙著撲滅生活和職場冒出來的火災，卻始終忽略了他們身後燃燒著的熊熊大火。

你有沒有過這種感覺，好像你在很重要的工作或計畫上，總是落後一兩拍，但你就是無法取得進展？你是不是覺得，你為了處理重要事務而特別騰出的時間，總是被一些外界干擾，或是不重要的事情所占用？

我很確定，這些場景，就算不是全部，也有一部分對你來說很熟悉。時間是我們最寶貴的資源之一，但我們卻沒有像我們該做的那樣，小心翼翼地保護它。相反地，我們讓身邊其他人，還有那些枝微末節的瑣事把它從我們身邊偷走。

這些事可能看起來都無傷大雅。突發的小事，只需要你打一通電話，或花五分鐘來解決，與其忽視它、延後它，或請別人幫忙，不如直接去做來得更容易。當然，不過就算事情本身只需要花五分鐘處理，實際上你為了重新取回原來的思路，還是會耗費更多的時間。你掛掉那通電話之後，可能還要另外花五分鐘、十分鐘，甚至是十五分鐘，才能回到你被打斷前的狀態。回過神來，那個五分鐘的小事，已經占用掉你工作日的二十分鐘。再來幾次同樣的狀況，你就失去了一個小時。你明白這是怎麼累積起來的了嗎？

有些小又快的任務，優先順序可以排到前面，你花時間處理它們沒關係。畢竟，當你突然意識到自己的春季氣喘開始發作，而你的吸入器又需要重新填裝時，你就需要打通電話，然後跑一趟藥局。這可能在計畫之外，但假如你享受呼吸，這個插曲就足以被列為10分等級的排序。緊急情況、重要機會，還有其他優先事項可能會讓你措手不及，但這都不在我們的討論範圍。

我們在講的小事不是緊急情況，不是以宏觀角度來說重要的東西，通常也沒有很嚴格的截止期限。你會有正確的時間地點來處理它們，但你需要有所警戒，不要讓它們奪走你原本為清單上更重要的事情（9分或10分）所分配的時間和精力。

|4| 對抗你的決策疲勞

還記得我們前面講過一個人平均一天要做出三萬五千個決定嗎？雖然大部分決定都是在自動導航模式下完成的，不需要花費太多腦力，但有時候你的大腦還是會累。有太多的決定、太多的選擇要作；這會消耗你的精神能量。你可能沒有意識，但是決策疲勞在很多方面都會影響到你的生活。

決策疲勞和你大腦的運作方式有關。你的大腦就像一塊肌肉，跟你健身完肌肉會疲勞一樣，你的大腦也會在作完決定之後變得疲憊。當面臨太多重大決策，需要花費大量精力時，你的大腦就累了。

導致決策疲勞的另一個原因，在於決策本身會帶來壓力。你需要作出越多選擇，你就可能感受到越多壓力。反過來，壓力還會消耗你更多的精神能量。你的大腦每天能使用的能量有限，所以明智使用很重要。

所以為什麼對決策疲勞有所警覺這件事很重要呢？這個嘛，是這樣的：當你出現決策疲勞時，你作出正確選擇的能力就會下降。你可能會發現自己作出衝動決定，或是乾脆直接放棄選擇。這可能影響到你生活中的很多層面，從你的健康、工作，到人際關係。

例如，當你因為作決定而感到疲累時，你更有可能去吃不健康的零食，因為這是一個簡單的選擇。或者你可能會拖延重要事項，因為要決定從何做起實在太累人了。在你的私人生活裡，你可能會因為小事而對你愛的人發脾氣，因為你的耐心用完了。

對決策疲勞有意識，可以促使你採取措施控制它。你可以透過建立一套慣例，或者設定優先順序，來簡化你的日常選擇。例如，你可以事先想好你每一餐要吃什麼，或在睡前決定你隔天要穿什麼。只要降低你需要作出的選擇數量，你就可以把自己的腦力保留給更重要的決策。

0－10原則也是另一個能降低決策疲勞負面影響的有用方法，可以簡化你作決定的過程，消除或至少有效減少錯誤的決策，讓你在兩秒內重新集中注意力。

既然決策疲勞確實會影響你作選擇的能力，還會導致錯誤決策，那就使用0－10原則來排除噪音，讓你專注在9分和10分上，為你自己作出正確的決定。

|5| 你的X，和你的內心平靜

專注在最重要的事情上，不只能幫助你管理時間和優先順序，還能幫助你節省精力。有一天，我的女兒蜜雅（Mia）結束夏令營隊輔的暑期打工回來。在我們一起遛狗時，她向我抱怨，自己有好一陣子都沒有力氣做藝術。她喜歡做動畫，也喜歡角色創作，但最近她就是沒有動力、沒有靈感，然後又因為自己停止動畫和藝術創作而感到沮喪。

所以我告訴她有關「X」的概念，說每天一開始，我們都有「X」量的精力（X amount of energy），而且這就是我們當天能用來工作的所有能量。有時候你的X值比較大，你就有比較多工作的能量，而有時候，X值就比較小。可能那一天你很累，你生病了，你因為某人大失所望，又或者你一整天都過得不順，這些都會消耗你很多精力，很多的「X」。所以現在你用來工作的能量比較少，你的X值比較小。這沒關係，我告訴她。有的日子就是會這樣，不要試圖用看待大「X」日子的方式來看待小「X」的日子，這樣不公平。因為，你沒有足夠的「X」來處理事情。

她向我形容了一個狀況：她去工作，滿心歡喜地期待迎接美好的一天，然後發生了某件不開心的事，讓她筋疲力盡，不知道該如何度過這一天。我向她解釋，有時候一天之中會發生某些事，這些事會把她的「X」搶走。「妳本來有90％的『X』可以用來工作，但現在妳只剩20％。事情就是這樣。不要強迫自己試圖用20％的『X』做到90％的表現。接受現實。接下來的問題是，妳要怎麼使用剩下的20％？沒錯，妳要專注在最重要的事情上，只專注在妳的9分和10分要務上。」

有時整整一週，我都在四處奔波，在活動場合進行演講，長時間待在飛機上。有時候回到家裡，我會不太舒服，有時候就只是很累。而我又只有這麼多的「X」可以拿來工作。所以我掏出張紙，寫下三項我當天的10分任務。就這樣了，這就是我能傳授的所有秘訣。不過那些10分事項會被做好。

如果我在「X」很少的日子，還逼迫自己完成很多2分、3分、4分的事，我就是在對自己造成嚴重傷害，損害我的健康和我的精神狀態，而且那天到了最後，我可能會對某人發脾氣，又或者是徹底累壞。我為什麼要這樣對我自己？這完全是可以預防的狀況。理清頭緒，了解什麼是最重要的東西，然後每天把精神集中在你的9分、10分上。

現在花一分鐘的時間，停下來想一想，如果你每天、每週、每年，都把你的9分、10分事項完成的話，情況會有什麼不同？會對你的人生產生什麼改變？會如何改善你的職涯、自尊、人際關係，還有你的整體健康和幸福？

|6| 三十分鐘的魔法

你一整天會做出很多0－10原則的應用。你會需要作出影響巨大的微小決定。但你會在一天開始之前，就作好當天的規劃，設定好你的優先順序跟10分事項，沒有什麼比這更好的了。

當你沒有機會事先規劃就開始一天的工作時，接下來的一整天，你都沒辦法主動出擊，只能被動接招。我告訴你，這會是一團亂。整天下來，你會浪費大量時間在你的2、3分跟1分上面，連你自己都不會意識到這點，因為你從來沒有花時間做好事前規劃。

我有個想跟你分享的習慣，我叫它「三十分鐘的魔法」。不管我需要幾點起床，要為了在活動前檢查音響設備很早起，還是要搭一班很早的飛機，我都會比自己該起床的時間再早三十分鐘起來，給我自己三十分鐘的平靜。

在那三十分鐘裡，我一個人靜靜坐著，喝著咖啡，屋內安靜（如果我不在家，那就是我的飯店房間安靜）。沒有人，沒有電話，沒人和我講話，沒人要我做任何事情，沒有噪音。我獨自一人坐在那裡，在咖啡和狗兒的陪伴下，享受這份靜謐，然後規劃我的一天。我在心裡思考接下來的一天，確認自己的狀況，確認我感覺如何，狀態怎麼樣，今天有多少「X」可以使用。我把我的10分事項寫下來，然後決定我今天一定要放棄哪些1、2分的瑣事。

這三十分鐘的魔法拯救了我的一天，讓我在一天拉開序幕時，能夠頭腦清晰、井井有條，知道什麼是最重要的，也知道我要把自己的時間和精力花在哪裡。很多時候，當我送完女兒去上學，走回家的路上，我會看到我的鄰居帶著兩個孩子，急匆匆地跑向學校，常常已經遲到，或是快要遲到。她看起來是這麼的疲憊，手忙腳亂。這時候我會心想：**這樣開始一天也太糟糕了吧。如果妳的一天是這樣開始的，那妳根本不可能把自己的優先順序排好。要是我可以教她「三十分鐘的魔法」就好了。**

|7| 0–10原則在工作和職場的應用

想像你正在開一個團隊會議，有太多事項和想法要處理，卻難以決定從何做起，每個人都很困惑。有很多次，我看到人們向自己的團隊成員和同事說明當前的優先任務，他們覺得自己已經說了，覺得自己交代得很清楚，但其他人真的有理解現在的重點是什麼嗎？此時此刻應該把什麼放在第一順位？人們使用大量的術語描述工作或團隊目標，但真的每個人都聽得懂嗎？

在職場環境裡，清楚明確就是一切。如果一個團隊或是主管宣布某件事是10分等級的優先事項，那每個人都能明白這是什麼意思。如果團隊裡有人說：「明明現在有一個10分的目標，我們幹嘛把精力集中在2、3分的事情上？」只用這麼簡單的一句話，就能把這麼多的重要資訊傳達得清清楚楚。

在職場中，我看過很多人把時間浪費在沒有效率的流程上，優先順序完全搞錯，效率低落的會議永無止境，他們完全忽略了大局，儘管大局就在眼前，顯而易見。決策疲勞是真實存在的，職場倦怠也是，缺乏注意力更是對於企業、職涯，還有私人生活的一大威脅。排除噪音，快速決定優先順序，提升工作效率。你不必事事兼顧，也不可能事事兼顧。專注在你的9分和10分上，然後確保你也保留了時間陪伴家人、發展興趣、拜訪朋友，還有滋養你的靈魂。

|8| 0－10原則如何帶你進入6%俱樂部

當你下定決心去做某件事，制定了詳細的計畫，正準備開始行動，這時候最常出現的阻礙，就是生活跑來攪局。你覺得你已經理清頭緒，整頓好系統，然後意想不到的事發生了。有東西壞掉，有人生病，你工作上有突發狀況，有事發生。但越是這種生活跑來攪局的時候，你越要掌握主導權，讓自己隨時都能專注在最重要的事物上。

你會被拉到不同的方向，人們會試圖搶走你的時間和精力。以你的精力來說，你可以使用的「X」值會變小。你會感到疲憊，無精打采。不要被這種情況嚇到，你要預期它會發生。這些事情是會發生的，人生就是這樣。問題不在於生活會不會來攪局，它一定會，問題在於你有辦法多專注在最重要的事情上。重點在你身上，不在其他人身上。這才是真正改變遊戲規則的關鍵。

那些無法達成目標和決心的94%的人，被生活分散了注意力。當第一個插曲、第一個阻礙出現時，他們的「計畫」就煙消雲散。

他們沒有做好準備，沒有把自己的目標視為生活中最重要的事情，所以自然而然地，這個目標就變成他們生活中最不重要的東西之一。

這就是為什麼，你需要理清自己的願望，明白這件事對你來說有多重要。如果你的目標只值5分，那就別忙活了。如果你要克服生活的挑戰，對抗大腦要你維持現狀的渴望，你就需要把它視為至關重要的事情。

那些達成目標的6%的人，儘管「X」值很低，儘管心情不好，儘管職場和家裡災情不斷，試圖奪走他們的注意力，他們都還是知道要堅持下去。他們深知堅守自己最重要的事物，能帶來多大的力量。這就是為什麼他們能躋身6%俱樂部，持續留在這個行列。

6%

詳細的目標設定＋
對最重要事物的專注＝成功

6
CHAPTER
具體法則

你設定目標的時候，不管因為不夠具體而出現什麼漏洞，你的大腦都有辦法利用這些漏洞，藉此把你打回原形。沒有設定明確期限？漏洞。沒有設定確切的開始時間？漏洞。沒有為了接下來的三十天設定好提醒功能？再一個漏洞。你的大腦會充分利用這些漏洞，把它們當作讓你走回老路的大好機會。為了克服這點，你需要使用「具體法則」。

|1| 為什麼你的大腦喜歡待在迷霧之中？

我們實話實說好了，你的大腦喜歡待在迷霧裡。目標不明確？太好了。想法模糊？超棒的。不夠具體？呼，鬆一口氣。

原因在這裡。

把你的大腦想像成一座森林，裡面有一些反覆踩踏形成的森林小徑，也就是你的習慣。你大腦裡的神經傳導路徑，是你一次又一次作出同樣選擇，持續了一定時間，經年累月下形成的。然後才形成森林現在的樣貌。

如果你像我一樣喜歡爬山，你就會知道，你常常為了舒服和安全考量，走那條被踏出來的山林小徑。你在大腦裡也做著一樣的事。你的大腦傾向選擇預設路徑，那些你做過很多次的事情，和用過很多次的神經傳導路徑。這樣就是比較簡單。

當你開始一個新的習慣，你就是在大腦創造一條新的神經傳導路徑。你在開闢一條新的路徑。如果你身處一座森林，需要開闢一條新的路徑，就需要付出努力和精力。你會需要一遍又一遍地去走它，確保這條路有被建好。

一開始，你可能會被刮傷、被絆倒、被勾住衣角，或是扭傷腳踝，你會感到不適。一路上可能會有未知的潛在危機，像是崖邊小路、落石坍方，還有充滿敵意，不習慣和不速之客的人類分享森林的動物。但經過一段時間後，就會出現新的路徑，變得更容易行走，你會把它列入你的預設路線。

這些工程對大腦來說成本很高，你的大腦會很樂意讓你使用既有的路線——換句話說，就是回到你過去的習慣。它會跟你抗議，說這樣更簡單也更安全；它不在乎那些舊的路線是不是已經不適合你，或是有沒有通到你想去的地方。

當你設定的目標模糊不明確時，你就落入了大腦的陷阱。你就是在給它過多的空間，讓它「詮釋」，或準確來說，「曲解」你的意圖。

「具體法則」可以幫你解決這個問題，這個心理學的原則很簡單，它會告訴你，你該做的事情，就是設定明確目標。它闡明了這個事實：當你設立清楚、具體、明確定義的目標，你將會大幅增加成功的機會。你越具體、越詳細，就越有可能成功。

不要說「我要改善我的健康狀況」，要更具體地說：「我會在三個月內參加一場 5K 的路跑。」以下是更多範例：

模糊：「我要吃得更健康。」

具體：「我會每天晚上六點吃晚餐，在晚餐多吃一份蔬菜。」

模糊：「我要花更多時間和我兒子相處。」

具體：「我會每隔一天晚上就打電話給我兒子一次，花二十分鐘的時間了解他過得如何，還有什麼對他來說很重要。」

模糊：「我要存錢。」

具體：「我一週會帶三天便當，每個月節省一百美元的開支，然後把錢存到儲蓄帳戶裡，當作買房的頭期款。」

模糊：「我要回學校。」

具體：「未來三十天內，我會向三所學校申請下學期開始的MBA課程，然後寄出所有申請入學所需的文件資料。」

模糊：「我要換工作。」

具體：「未來三十天內，我會向三十個自己感興趣的不同職位投出履歷。」

模糊：「我要有更健康的心態。」

具體：「我會練習保持感恩的心，連續三十天，每天晚上睡前寫下五件值得感恩的事。」

模糊：「我要在工作和生活間取得更好的平衡。」

具體：「未來的三十天內，只要超過晚上六點，我就不會確認工作信件，也不會接工作相關的電話。相反地，我會把自己的時間投注在家庭時光上，和家人聊天、共進晚餐、一起玩遊戲，還有享受彼此的陪伴。」

懂了嗎？你越具體，就越能控制自己的大腦，不讓它阻撓你。

還有不要忘記0－10原則。當你要選擇目標時，選一個對你而言最重要的事情。我聽過有人說動機並不重要，我不同意。是的，動機很重要，因為就算你盡可能地具體詳細，只要你設定的目標對你不重要，你不在乎，那你就很難堅持下去。針對你真正在乎的事物設下具體目標、訂定明確的截止期限、擁有清楚簡單的行動計畫——只有這些要素結合起來，才能達到顯著效果。

你要注意，在這裡面，不只有一個超級具體詳細的目標，還有一個明確的截止期限。這個具體的目標會給你的大腦一個清晰標的，還有一個努力的期限。「具體法則」會幫助你把遠大的夢想，拆解成有時限、具可行性的細小目標。它會讓你的夢想不再令人卻步，反而成為觸手可及、令人興奮的多個目標。

2 具體法則背後的科學原理

「具體法則」深植於心理學這門科學。你的大腦有個名為「網狀活化系統」（RAS）的區域，扮演著資訊過濾器的角色。當你設定了具體的目標，你的RAS就會啟動，過濾掉不相關的資訊，把注意力集中在重要的事物上。

設定明確目標，就等於給大腦一個確切的方向，讓它可以專注於此。這就好像告訴你的大腦：「嘿，這是我想達成的願望。我是認真的，這件事一定會發生。計畫是這樣的。不覺得很興奮嗎?!」當你設立了一個具體的目標，就能讓你的大腦知道自己到底要做什麼，要往哪個方向走。

它的運作方式如下：你設定了一個目標後，你的大腦開始組織一個達成目標的計畫，建立起不同大腦區域之間的新的連結，就像在畫一張藍圖。這些連結會幫助你的大腦釐清狀況，想出抵達目標會需要採取哪些步驟。

一旦你的大腦有了計畫，它就會開始傳送信號給身體的各個部位，讓它們採取行動。就好像有一群信差，正在告訴你的肌肉、心臟，還有其他身體部位該做什麼。這些訊息可以幫助你保持專心，有動力朝目標邁進。

當你朝目標更進一步時，你的大腦會獎勵你，釋放一些讓你心情愉悅的化學物質，像是多巴胺。多巴胺也像一個信使，會通知你的大腦有好事發生。用健康的方式來達到目標，例如在學校表現良好，或是完成一個專題，就能以好的方式釋放多巴胺。這會讓你為自己感到驕傲，更有動力持續前進！這就像在大腦裡快樂跳舞一樣，這種正面的感受會激勵你堅持下去，繼續朝你的目標努力向前。

反過來說，也有一些壞習慣同樣會釋放多巴胺，但是釋放的方式並不健康。例如，在你吃太多垃圾食物，或打了整天的電動時，你的大腦會釋放多巴胺，你可能會因此快樂一下下。但是這些習慣可能會對你的健康和幸福造成負面影響。它們可能會讓你感到疲憊，或甚至以長遠的角度來看，對你的健康造成傷害。

當你以健康的方式達成目標，這就好比一個雙贏的局面。你不只會因為有所成就而心情愉悅，你的身心也能從中受益。舉例來說，如果你的目標是閱讀一本書，在你讀完的時候，你的大腦就會釋放多巴胺，除了讓你自豪開心，同時也讓你的閱讀能力和知識有所長進。如果你的目標是減掉4.5公斤，在你看到體重機上的成果時，你的大腦會釋放多巴胺，讓你得到一股成就感和興奮感。與此同時，你也會變得更健康、更強健。

如果要進入6%俱樂部，那麼專注設立和達成對你有利的目標，這件事就很重要。範圍可能包括規律運動、飲食均衡，或學習新的技能。當你朝著這些目標邁進時，你的大腦就會以健康的方式釋放多巴胺，讓你保持愉快、充滿動力。好好選擇健康的習慣，你就可以過上更快樂、更充實的人生！

|3| 設定截止期限的重要性

設定期限很重要，這是「具體法則」能夠致勝的一大關鍵。當你在大腦設下一個目標，它就會刺激一個叫做前額葉皮質的區域。這個聰明的大腦區塊會幫助你作計畫、下決定，還有保持專注。但問題是：如果沒有設定期限，你的大腦可能不會把你的目標當真，它可能會想：「哦，反正這件事我可以等想做再做！」因此導致拖延，讓你不斷推遲自己的目標。

在你設下期限後，你的腦袋裡會發生有趣的事。期限會引發一股急迫感，你的大腦會知道要在一個特定的時限內把事情做好。這股急迫感可以令你感覺充滿動力，決心努力實現目標。

但這件事是怎麼發生的呢？事實上，你的腦袋裡有一種特別的化學物質，叫做腎上腺素（adrenaline）。當你設定了一個期限，大腦就會釋放腎上腺素，讓你的精力和專注力都突然增加，就像一股小小的助力，幫助你維持正軌、做好事情。它可以讓你感到全神貫注、所向無敵，還可以讓你感受到些許的恐慌和壓力。不論如何，這都是大腦堅守任務的方式，能讓它把精力集中在手頭的任務上。

設定截止期限，也有助於大腦為工作排列優先順序。當你有截止期限時，你的大腦會知道有些事情比其他事情更重要，進而幫助你規劃時間，專注在你首先需要完成的任務上。如此一來，你就可以用條理分明又有效率的方式，朝著自己的目標邁進。

因此，當你努力躋進6%行列，為了目標而設下截止期限的同時，你實際上就是在訓練自己的大腦提升工作能力，讓它變得更聰明、更有效率。你就是在告訴大腦：「嘿，我講真的！我們來把這件事做好！」作為回應，你的大腦會釋放腎上腺素，幫助你保持專住。

當你有特定的地點要去，需要在特定的時間抵達，不管是開車、搭飛機、步行，或用其他的交通方式，你都會曉得自己需要分配足夠的時間前往目的地。如果你要去度假，你會曉得自己需要提前抵達機場，預留時間通過安檢，找到登機門，才不會錯過班機。你會計算自己需要幾點出發，把當下時段和潛在的交通狀況都考慮進去。如果你夠聰明，你還會為自己預留多一點時間，以防半路碰到事故；或是巧遇旅遊熱潮，安檢隊伍比平時長了兩倍；又或是班機不斷更換登機門。當你計算好每件事可能耗費的時間，你就會給自己一個出門的最後時限。當最後時限逼近，你體內的腎上腺素便會隨之增加，因為你知道萬一錯過這個時限，就有可能發生不愉快的後果。

同樣地，你需要告訴自己的大腦，要在多少時間內完成什麼事情。相較其他目標，某些任務顯然會需要更多時間來完成。建立新的習慣需要三十天左右的時間，所以我們在這本書裡一直談論這個時間範圍。要完成某些目標，例如一場5K的路跑，你可能會需要給自己更多的時間，像是三個月。要達到其他目標，例如幫自己的品牌建立一個社群的商業帳號，你需要的時間可能會少一點，像是一個禮拜。你需要的時間長短，會隨著目標不同，還有在特定時限內完成的合理性而有所增減，但計算完成目標所需的時間，對你來說還是至關重要，這樣你的大腦才會對正在進行的倒數計時有所意識。它需要在特定時間出發前往機場，才不會面臨錯過班機、行程延誤，或者計畫泡湯的風險。

所以設立特定的目標，有助於你的大腦擬定計畫，向身體傳送訊息，並且讓你在取得進展時心情愉悅。這就好像為大腦提供一條清晰的路徑，讓你明確知道自己要向哪前進、如何前往，還有何時出發才能準時抵達！

|4| 具體法則：需要避免的常見錯誤

「具體法則」能為你指引正確方向。每當你設下一個目標時，你都需要把它銘記於心。有些常見錯誤會導致你遠離6%俱樂部，淪落到94%的行列，以下是你需要避免的事情。

錯誤1：不夠具體。設定目標時，要清楚具體地定義你想達成的願望。不要說「我要多運動」，要說「我要每週三次，一次運動三十分鐘。」如果能加上「在哪」還有「怎麼做」就更好了。試試看：「我要每週三次，一次三十分鐘，在健身房裡，使用登階機運動。」

即使到了這個地步，你還是為自己的大腦留下了一些轉圜空間。此時我們的目標要盡可能地清楚詳細。「週一、週三、週五早上，每天上班前，我會上健身房，使用三十分鐘的登階機。」

錯誤2：設定不現實的目標。擁有野心很重要，但假如你的目標太有挑戰性，或根本不可能達成，你就有可能沮喪氣餒。從可實現的小步驟開始，再逐步往更大的目標前進。

不要說「我每個月要多賺兩千美元」，你應該從更好處理的目標開始。「我要加入自由業的網站，應徵我能在閒暇時間做的工作，每個月藉此多賺兩百美金。」一旦你達成了第一個目標，你就會獲得一股動力，並且更有概念，知道如何抵達下個更遠大的目標。

錯誤3：沒有計畫。沒有計畫的目標，就彷彿沒有船長的船隻。要達成目標，就制定一個步驟分明的計畫，簡述你需要採取的行動。把你的目標拆解成多個小任務，然後訂定一個時間表，讓自己保持井然有序。

你可能想在網路上販賣自己的手作飾品或其他手工藝品。但這份渴望不是計畫。一個計畫會涵蓋多個步驟，包括研究如何在Etsy[7]之類的現有網站上架商品，或是架設自己的個人網站，設計網路商店的外觀，決定你的商品種類，設定你的目標客群，研究類似商品好找到合理的定價，繳交地方政府和聯邦政府要求的稅金及相關文件，思考如何行銷才能讓潛在顧客知道你的存在，確定你的出貨流程，讓你的商店正式開張上線。搞清楚要達成目標需要完成哪些步驟，然後分別針對每個項目，向自己設下完成的時限。

錯誤4：只關注最後的結果。雖然最終目標很重要，但享受過程也是一大重點。為你一路走來取得的進展好好慶祝，還要認可你為此付出的努力。要記得，你每向前踏出一步，都代表著你離目標又更近了一步。

如果你的最終目標是減掉近30公斤，你不必等到那時才給自己買條新長褲或買件新襯衫。為你中途的里程碑進行慶祝，給自己一點獎勵，讓你自己心情愉悅、容光煥發。我們大多數人都不喜歡延遲獎勵。所以如果你減了4.5公斤，就出門買條小一號的新長褲，這樣每當你穿上它或看著它時，都會想起自己達到的成就。如果你又減了4.5公斤，褲子尺寸變得太大，那就再去買一條新的長褲，把舊的那條捐給慈善機構。要是你等到最後才獎勵自己、慶祝成就，你最終可能會既沮喪又疲憊。就像你把目標拆分成多個小塊一樣，

7 一個專門銷售手工藝品、復古商品和手作材料的全球線上購物平台，於二〇〇五年創立。

你一路走來的過程中，也需要提供自己相應的小獎勵。

錯誤5：沒有設定截止期限。沒有截止期限，目標就可能被永無止境地拖延下去。幫每個目標都設好一個時限，好讓你保持動力，對自己負責。截止時限會製造一股急迫感，幫助你保持在正軌之上。

你：「我想讓身材變好。」

你的大腦：「好啊，我們改天來努力……也許幾年後吧……也許。」

為了激勵大腦，讓腎上腺素激增，讓你取得進步，你需要擁有一個截止期限。工作上之所以會設定截止期限是有原因的。如果不這麼做，你就會在同個專案上反覆折騰（書籍手稿、投影片報告、電子試算表、設計圖等等），一輩子都不會真正完成工作。你的大腦需要具體指令，而截止期限就是其中的一部分。不管你做什麼工作或任務都是這樣。舉清潔工為例，你把一個清潔工放在商業大樓的十四樓中央，要他把整層樓收拾得一塵不染，但是不要給他期限。（「一塵不染」也是個模糊的用詞，所以你到底給他留下了什麼指示呢？）你可能八小時後回來，會發現他把其中一間辦公室的地毯刷洗過，窗戶玻璃裡外也清洗了，所有的書架都除了塵，連家具都被擦得閃閃發亮。舉目所及的地方沒有一絲棉絮或灰塵。畢竟，你沒有設下清潔完整個樓層的截止時限，於是清潔工決定慢慢來，花時間讓整層樓變得「一塵不染」。

請同一位清潔工再來一次，這次告訴他，他有八小時的時間清理整層樓。八小時後，你會發現地毯有用吸塵器吸過（但沒有拿去洗），洗手間有清潔過，垃圾桶有被清空，可能還噴了一些空氣芳香劑。整層樓都得到了一定程度的清潔和打理，不是只有一間辦公室處理好。因為你給了一個截止時限，所以他曉得在時間允許的情況下，自己能做到什麼程度，也知道他需要專注在把工作完成。

錯誤6：沒有以最具體的方式適應變化。人生可能會難以預料，有時事情不會照著計畫走。在有需要時，應該保持彈性，願意隨時調整目標。勇於擁抱改變，找到達成願望的替代路線。

也許你已經設法在工作和回學校念書之間取得平衡。雖然你日日行程滿檔，每天出門要在外面待上十六到十八小時，但你眼裡只有終點的獎勵，正在朝目標持續邁進。也許你的伴侶這時失去了工作，你要思考該怎麼做，怎麼處理眼下的壓力，怎麼面對這個新的局面。起初你可能會不堪負荷，覺得不知所措。我能理解，我自己也有過同樣的狀況。

這時候要深吸一口氣，找出能夠適應變化，同時又不放棄目標的做法。這時候要和你的老闆提議居家辦公。如果你的老闆在這方面沒有彈性，可以考慮從另一個競爭對手下手。跟校方談談，和你的教授討論你要怎麼完成這個學期的學業，可能是請同學幫忙，或花錢請人幫你抄筆記。然後看看你的學校是否有機會提供部分遠距或是全部遠距的課程方案。如果沒有，你可以研究一下有哪些線上學校，了解一下它們能否用你現有的學分，為你安排轉學。

是的，你的生活又增加了更多的責任。是的，事情會變得更艱難，因為你需要改變自己辛辛苦苦建立的慣例。但人生本身就是改變，你需要準備好隨時跳脫框架思考，才不會在意外發生時，把自己的目標遺落在半路。

困難7：沒有擬定尋求支援的計畫。不要害怕開口求助！把你的目標分享給可以提供你指導和鼓勵的朋友、家人，或你的人生導師聽。一個支援系統，可以在幫你維持動力這方面，帶來很大的助力。人們常常能在你心情低落時，帶來你需要的正面話語，或是根據他們的個人經驗，提供一些建議或捷徑。

如果你不對家人朋友透露你的目標，他們有時候會不小心破壞你的計畫。像是你不跟經常和你一起吃飯的朋友談起你的目標，沒告訴他們你正在嘗試減肥，要多吃蔬菜，他們就有可能幫你準備高熱量的晚餐，或是完全沒有半點綠色蔬菜的食物。他們不是故意對你使壞；他們只是不知道你的目標，所以沒辦法幫助你維持正軌，規劃適合的飲食菜單。

透過分享目標，你有時也可以取得實用的建議和幫助。讓別人知道你的需求，知道你正在嘗試什麼，能幫助他們理解這件事為什麼對你來說很重要。

錯誤8：讓挫折阻礙你每天保持專注、留意細節。挫折是人生的一部分，碰到挫折不代表你就失敗了。不要放棄，要從錯誤中學習，繼續前進。把挫折視為機會，藉此成長、進步。

有時候，你只是要找出哪裡行不通。你可能會發現，你上健身房的目標失敗，原因只在於你覺得在別人面前健身太丟臉。那沒關係，利用這個機會，找出在家健身的方法。網路上有成千上萬的影片可以幫助你做到這件事，連任何酷炫器材或健身設備都不必買。更棒的是，這樣一來，你就不用浪費時間開車往返健身房，就算你時間不多，也沒有藉口不運動。

錯誤9：沒有在細節上反思自己的進步。你需要定期回顧自己的目標，審視自己的進展。你有朝著正確的方向前進嗎？你可以做什麼樣的調整？進行反思可以幫助你在過程中保持專注，並做出必要的改變。這也是一個很好的機會，能讓你釐清自己曾經許下的目標，是否還是自己現在的願望。你可能瞄準了公司裡的某個領導職位。為了爬到那個位置，你承擔了更多責任，取得了許多進展。但你真的享受這些附加責任嗎？當你考慮到那個職位涵蓋的所有工作範圍，包括你現在還沒做的那些，這真的是你想要的嗎？你可能會意識到，雖然你很喜歡為團隊設定目標，但你其實不喜歡成為嚴厲指責雷包的角色。這對你的領導目標而言意味著什麼呢？如果有需要的話，又該做出什麼改變呢？

錯誤10：不具體、持續地為每個成就慶祝。當你達到一個目標時，花點時間為此慶祝，好好獎勵你自己。慶祝活動可以增進你的信心，激勵你實現新的目標。要記得，你值得為自己的成就感到驕傲！就像為了中途的里程碑慶祝一樣，只是你要辦得更盛大、更美好！派對時間到了，而且和你走過這段旅途的親朋好友和導師們，很有可能都想和你一同慶祝。

5 具體法則：現實生活的案例

達倫

達倫（Darren）想回學校去。他當初好不容易才從高中畢業，接著便卡在一份沒有前景的資料輸入員工作。不過他其實喜歡數字，而且懷抱著成為會計師的夢想。對他表達支持的人並不多，因為他身邊的人多半都記得他在學時成績有多差。他和老闆講起自己的夢想，老闆答應替他寫一封推薦信，以此彌補他糟糕的在校成績。

達倫設定了一個目標。他的第一步是花三個月的時間，仔細研究離家一小時的車程，同時又有夜間部選項的所有學校。他也研究了線上課程，心想這樣時間安排上能夠更加靈活。三個月後，他和三所當地學校、兩間遠距學院詳談，對方一致表示，只要他能在學術水準測驗考試的數學科取得高分，再得到現任老闆的推薦信，他們就願意對他糟糕的在校成績網開一面。

接著達倫進入了他的第二階段。他申請參加三個月後的學術水準測驗考試，還報名了兩堂線上課程，幫助他用功準備考試。他時不時會找姊姊幫忙，姊姊相信著他，願意為他付出努力，這讓他感覺很好。達倫最後在數學考試中取得高分，足以進入每一所他事前交談過的學校。

達倫向每一所學校提交了申請書，他的老闆也向所有學校寄出了推薦信。達倫曉得老闆的文筆很好，對他的目標也相當了解，所以請老闆幫忙看了他的申請論文。老闆給了一些修改建議，讓他的論點更加有力。於是達倫充滿自信地將文件寄出，知道自己已經盡了全力。

有兩所遠距學校和一所當地學校接受了他的入學申請。他把每所學校的優缺點詳細列出，包括學費、聲望、就讀時間、彈性、人脈資源，還有其他他想得到的一切。接著他和兩個老闆跟他姊姊討論了這份清單，他們一致贊成把一所遠距學校從清單上淘汰，因為它的學費更貴，而且另一所遠距學校名聲更好，還提供了拓展人脈的線上交流活動。

他的姊姊陪他去參觀了當地大學的校園，那是一次讓人興奮的體驗。他很喜歡師生間蓬勃熱絡的交流互動，也對所有他從來沒有機會擁有的校園體驗感到新鮮。可惜的是，校內有幾堂他想上的課只開在日間部。

達倫和他的老闆進行了討論，老闆表示他願意讓達倫把50%的工作帶回家處理，讓他能夠參與學校的實體課程。達倫最後採納了這個提議。

五個學期過後，達倫的老闆讓他進入公司的會計部門，擔任初階職位。在他從學校畢業，取得會計學位時，他已經得到了兩次升職。如今，他管理著整個部門。

達倫有自己的目標，他把這個目標轉化成了計畫，再將計畫拆解成有截止時限、好處理的小步驟，並且從老闆和家人身上獲取協助，得以讓自己的美夢成真。

凱特

凱特（Kate）當時三十二歲。她在二十多歲時生下了兩個孩子，在第二個孩子出生時，她比大學時期整整胖了約13公斤。她的先生對此似乎不太在意，但凱特花了六年還是沒辦法減掉這13公斤。她試過各種快速減肥法，但沒有一次奏效。每年除夕夜許下願望時，她都感覺自己的新年新希望，好像一年比一年更像個笑話。

於是她決心採取實際行動，作出具體計畫。她已經厭倦終日守著體重計，為了那上下浮動的一、兩公斤情緒起伏。於是她不打算把目標放在體重計的數字上，而要定在別的地方。

她設定了一個目標，要連續三十天的晚餐都減少一半的份量。因為她試過的無數流行減肥法，總是帶來無止境的測量和計算工作，讓她最後都以灰心喪志告終。所以她決定不遵循舊路，而是把晚餐固定使用的大餐盤，換成一個一半大小的甜點盤。至於甜點，她則從平常一個甜點盤的量，改成一口酒杯能容納的份量。

頭兩個晚上，她覺得很沮喪，因為晚餐不到五分鐘就吃完了。她向一位朋友抱怨，朋友告訴她，大腦需要五分鐘以上的時間，才能觸發飽足感，才會傳送停止進食的訊號。他建議她放慢速度，細細品嘗食物，不要吃得太倉卒。

隔天晚上，她沒有跟丈夫、孩子坐在電視前吃飯，而是傍晚就把小孩送去父母家，在飯廳為她和她丈夫準備了一頓燭光晚餐。浪漫的氛圍點燃了兩人之間的對話，讓凱特吃得更加緩慢。她還認真享用、細品了每一口食物的滋味。用餐到一半時，她發現小口吃飯，和大口吃飯能得到的味覺享受一樣多。她不再只花五分鐘，十口內就把所有東西吃完，而是試著把流程拉長到三十口，花將近四十分鐘的時間吃晚餐。最後，她感到肚子既飽足，心情又滿足。

再隔一天的晚上，她回到起居室，有意識地重複進行了同樣的小口慢食，這個做法起了效果。三十天後，她站上體重計，發現她已經減了超過3公斤。

隔天她為了慶祝，給自己買了件新的襯衫。她還設定了新的目標，把午餐的份量同樣減半。起初幾天有點坎坷，但沒有當時晚餐減量的初期那麼痛苦，因為她已經掌握了一些小訣竅。接下來的三十天過後，她又減掉了2公斤左右。這是她多年來最瘦的狀態，於是她買了一件新洋裝。她先生帶她去了一家很棒的法式餐廳共進晚餐，她把半份晚餐留給隔天的自己當午餐。

接著，她又在減重計畫裡增加了新的階段。她給自己設下目標，打算連續三十天，每天早上都去健走二十分鐘。這意味著她需要更早起床，頭幾個早上她感到很痛苦，不過在第四天的早晨，她意識到自己健走完反而更有活力。每一天，她都感覺自己的身體更健康了一點，腳步變得更輕快，同樣時間內，可以走得比前一天更遠。

一個月後，凱特驚訝地發現自己又瘦了約5.5公斤，只剩大概3公斤要努力。在她丈夫的建議下，她設定了一個新的目標，未來三十天內，要在原本晨間健走的基礎上，加上每週三次，十分鐘的重量訓練。三十天後，她不只擺脫了最後剩下的3公斤，還變得比懷第一個孩子時更加結實、健美。為了慶祝這個成果，她和丈夫一同前往為期三天的遊輪之旅，身穿一襲嶄新的比基尼自信亮相。

喬治和安妮

喬治（George）跟安妮（Anne）從結婚起，就一直想買房，可如今是他們結婚十週年的紀念日，兩個人卻沒有存下半點頭期款。他們灰心難過，決定把這件事視為未來一年的首要之務，目標是在十二個月內存下兩萬美元。這個目標乍看之下，對兩人來說都難以實現，但他們下定決心找出解決之道，制定了一個計畫，再把計畫分為數個階段。

階段一，他們花了一個禮拜的時間，共同審視每個月的支出，開誠布公地討論，什麼對自己很重要，什麼對自己不重要。經歷一番討論後，他們取消了三個影音串流平台的訂閱、兩款付費遊戲，還有四項他們不是真正需要，但總是自動續訂的服務。這樣一來，他們就能夠在下個禮拜，把當月省下的一百五十美金存進新的儲蓄帳戶。

接下來，他們嚴格審視了自己的飲食開銷，最後決定和另一對夫妻共享量販店的會員帳號，藉此平攤會費。這對夫妻同樣在尋找降低飲食支出的方法，希望減少在餐廳、外送服務，還有當地收費過高的雜貨店上浪費的金額。

他們意識到，如果這樣做，每個月光在飲食上就可以省下將近五百美元。十二個月下來，這些加總起來更能省下他們目標金額的三分之一！

嘗到成功的甜頭後，他們更進一步，找到一些能節省更多開支的小東西，但也來到了需要增加收入的關口。喬治和安妮兩人下定決心，要在接下來的兩週內，去找各自的老闆，提出合理的主張，主動爭取加薪。

安妮的老闆最後同意了，雖然薪水漲幅不大，但一年下來幾乎可以多存兩千美元到戶頭裡。而當喬治的老闆告訴他，公司沒有預算幫他加薪或增加工時，喬治便制定了新的計畫，給自己六十天的時間，找到類似性質，但待遇更好的工作。他請安妮幫忙找工作、寄履歷，成功找到了一份新的工作，最後又多存了四千美金到他們的頭期款基金裡。他一年內還有可能得到升遷，這又是一大加分。

他們走到這步時，還剩九個月的時間，距離目標金額差了六千八百美元。他們開始檢視自己的技能和長處。喬治喜歡烘焙，這是他的休閒嗜好，能讓他放鬆。他的親朋好友也常常建議他去賣手作蛋糕跟麵包。想到這個點子，他給自己三十天的時間，想出要如何在不影響工作和跟安妮相處的時間，並且不必使用專業廚房的情況下，實體販賣自己的糕點。

喬治找到一個在地農夫市集，目前還沒有人在那裡賣類似的東西。他向身為平面設計師的安妮求助，請她幫忙繪製了一個商標，還印製了招牌、名片跟貼紙。他花了幾個月才真正理解顧客需求，但從第三個月起，他每個週六都可以從中賺到一百美元。加總起來，他能多存將近二千九百美元的買房基金。

受到她先生的啟發，安妮加入了自由工作者的網站，並且在五個月內找到三個客戶，幫他們繪製童書的插圖。這份收入讓他們一年之後，存下了超過兩千美元的目標金額。他們慶祝結婚十一週年的方式，就是四處看房，最後找到了完美的住處，幾個月後就能直接入住。

他們設定了具體的目標，制定了計畫，決定好完成目標的幾個步驟，並且設法達成了過去十年來都望塵莫及的願望。

6 騎上改變的腳踏車

當你學習如何建立新的習慣時，你只要嘗試改變生活中的一件事，就能帶來巨大的影響。我要向你介紹一套很酷的策略，名字就叫6%俱樂部，它可以幫助你。基本上，你要想像六個欽佩的對象，思考他們在特定情況下會怎麼做，就好像在心裡擁有一支厲害的導師團隊！

想像你正試著吃得更健康，而你知道你最喜歡的籃球員，總會在大型賽事前吃一頓營養均衡的飯。你可以假裝他是你6%俱樂部的六個成員之一。在你決定晚餐要吃什麼的時候，你可以問問自己：「如果是我的籃球英雄的話，他會選擇什麼？」這可以幫助你作出更健康的選擇，培養一個健康的飲食習慣。

當你採用這個策略，策略奏效時，你的自我感覺會非常良好，會帶給你一股自信，讓你相信自己在未來可以達成更多目標。這就好像第一次騎腳踏車一樣，起初，你可能覺得自己搖搖晃晃、不太肯定，但隨著你努力練習、掌握竅門，你就變得越來越有自信。

培養新的習慣也是同一回事。一旦你開始看見一個目標的成效，你會意識到自己有能力為生活帶來正面的改變。

關鍵的魔法就是重複去做，你的目標要放在未來的三十天，理由如下。

根據美國太空總署[8]的說法，如果你連續三十天堅持完成一項新增的例行公事，那你的大腦路徑就會隨之改變、適應。意思是四週或一個月後，你就可以看到你付出的努力帶來了哪些正面的效果。這段時間長到能讓你注意到其中的好處，又不會久到讓你失去動力。就像是一個全新的開始！

我來告訴你一個故事，內容和美國太空總署早期的太空計畫有關。他們想知道太空人在外太空的失重環境下，會有什麼感受和想法。於是他們執行了一項實驗，給太空人戴上一款特殊護目鏡，讓所有東西看起來都上下顛倒。你能想像嗎？就算在睡覺，他們也不能摘下那副眼鏡，一天二十四小時都要戴著。

剛開始，所有太空人都感到焦慮和壓力，他們的血壓上升、呼吸急促。但隨著時間流逝，不可思議的事情發生了。在第二十六天，有一名太空人重新看到了沒有上下顛倒的正常世界，但他明明還戴著護目鏡。同樣的狀況，

8 National Aeronautics and Space Administration，簡稱 NASA，美國聯邦政府的獨立機關，負責制定執行美國的民用太空計畫，以及進行航空科學和太空科學研究。

在第二十六到第三十天之間，陸續發生在其他太空人身上。就像魔法一樣！

科學家發現，二十六到三十天的持續練習，可以讓你的大腦創造新的路徑，改變你的思考方式。所以假如你想改變舊的習慣，開始新的習慣，那把新的行為模式堅持做滿三十天就很重要。否則，你可能會在不知不覺中，走回以前的老路。

我希望你記住，一次只選一個目標很重要，不然你會不堪負荷。想像你想同時增進自己的閱讀能力，變得更有條理，還想吃得更健康。這可能會讓你感覺有太多事情要處理。你應該要反過來，只選一個目標，然後只專注在這個目標上。也許你會開始讀更多的書。你可以想像，你最喜歡的作者就在你的大腦裡，是你的俱樂部成員之一，想像他會怎麼騰出閱讀時間。只要一次專注在一個目標上，你就能把所有的注意力傾注其中，增加成功的機會。

一旦你掌握了一個習慣，你就可以重複使用這個策略，攻克更多目標，就好像在騎一輛改變的腳踏車一樣。像你騎腳踏車時，先學會如何保持平衡，順暢地踩踏板，接著你就可以騎得更快、更遠。同樣地，當你掌握了一個習慣，你就能更輕鬆地在日常生活中加入更多的習慣。例如，假如你已經成功建立了每天閱讀的習慣，接下來你就可以把一個健身專家想像成你的俱樂部成員之一，藉此增加每天早上迷你健身的習慣。

只要採取6%俱樂部的策略，你不僅能創造新的習慣，還可以為個人成長奠定強而有力的基礎。你成功培養出的每個習慣，會給你帶來自信，讓你勇於接受新的挑戰，為生活製造正面的影響，最終，讓你的人生樣貌產生巨大的改變。

PART

3

你的人生即將改變

對自己有覺察意識。對自己負責任。
對於改變保持開放心態。

7
CHAPTER
6%俱樂部的秘訣和竅門

自我管理、期望管理、區分輕重緩急，還有操控大腦。這些就是加入6%俱樂部的全部秘訣。你已經學會如何設定目標，如何避免大腦逃避目標，如何讓自己對目標持之以恆，還有如何提升工作和生活的每個方面，成為6%俱樂部裡的那種人。

現在讓我們來談談你還可以怎麼透過自我管理、期望管理、為事情排列優先順序，還有操控大腦，來讓你保持在6%俱樂部的行列，並以其他方式改善你的人生、你和自己的關係、你和目標的關係，以及你和他人的關係。

|1| 二十分鐘原則

你可以在人生中，去做最美妙的事情。

你可以徹底加入6%俱樂部。但假如你有容易發脾氣的傾向，你就會毀掉一切。事情就是這麼簡單。

你在這本書讀到的很多內容都和自制力有關，一切都在於如何訓練你的大腦。你正在學習要怎麼控制你的習慣，這就跟在最困難的時刻，依舊保持與他人相處時的自我控制沒什麼兩樣。有多少次你對著某人失去了耐心，對著你的小孩、伴侶、家人或同事，說出不該說的話，做出不該做的事，寫了不該寫的字，衝動傳了訊息或郵件，事後又後悔不已？

我知道當情況困難時，你很難保持冷靜。我自己也為此痛苦了很多年。你知道是什麼狀況；人生很難，而你可能會生氣、疲憊、飢餓，或只是在你累到不能更累的時候，最後一根稻草壓了上來，考驗你的耐心，超出了你的承受範圍。小孩或狗在乾淨的地毯上，把泥巴踩得到處都是；你已經遲到了，結果車子爆胎；你的伴侶忘記告訴你，一個小時後你要跟他一起去參加某個活動；學校來電通知，你的小孩和其他小孩發生口角衝突；管委會寄來一封措辭嚴厲的信，要你再高壓清洗一次你的車道；一位客戶威脅說，除非馬上得到你的特別關照，不然他要跑去找你的競爭對手；你的同事不好好工作，反而在打私人電話，明明你們的共同專案當天就要截止；有時候，就只是某人看你的眼神不對。

然後你就爆炸了。你對著孩子咆哮，威脅說你不會再讓狗進家門；你邊哭邊踢輪胎，懷疑你的伴侶上個月到底有沒有繳道路救援的會費；你對你的伴侶大吼大叫，指責他讓你承受太多，又沒有事先警告你；你對校長說，要不是小孩的老師很爛，也不會發生這種問題；你對某個鄰居怒吼，知道他就是跟管委會打小報告的人；你要那個客戶滾蛋，說你根本不需要他；你向老闆告狀，抱怨同事的私人電話講不停；然後你把所有的不順，通通發洩在那個看你的眼神不對的人身上，結果他其實只是想告訴你，你的牙縫卡了菜渣。你受夠了，其他人要等著感受你的怒火！

你需要理解這件事發生的原因。在你的大腦裡，有兩個你需要特別注意的區塊。第一個是前額葉皮質，是你大腦中掌管制定策略、思考、解決問題，還有控制衝動的部分。它是你人生中負責任的駕駛。

第二個區塊是杏仁核（amygdala），坐落在邊緣系統，是以演化的角度來看，大腦中最古老的部分。你的杏仁核負責本能行為、衝動行為，還有戰鬥或逃跑反應[9]。它的存在價值是為了生存目的，但在日常生活的許多情況下，你的杏仁核就像是人生的酒醉駕駛。為什麼？因為當你處於壓力之下，你就有「杏仁核劫持」的風險存在。

杏仁核劫持好發於壓力過大的情況（像是一整天過得不順、肚子很餓、身心俱疲、耐心耗盡，這些狀況常常一次全部出現），在你理性應對壓力的能力遭到損害時發生。這會導致你對著一個潛意識裡視為威脅的情況，徹底地小題大作，做出極度情緒化的反應。換句話說，你的杏仁核接過了主導權，劫持了你的判斷力，然後把前額葉皮質趕走，自己坐進駕駛座。酒醉駕駛接管了大局。

這種事總是在發生，而且往往會摧毀職場和生活中的人際關係，導致糟糕的決定、丟臉的行為，還有事後無盡的後悔。

我有一項工具可以幫你一個大忙。畢竟，你不會想在自己做得那麼好，才剛加入6%俱樂部後，就在收穫努力的成果前，自己毀掉這一切。我自己總是在用這項工具，也向全世界的高層領導分享了它的使用方式。

9 fight-or-flight mode，指的是動物面對生存威脅時，自然產生的生理反應，由大腦在中樞神經系統發起的警報，促使身體做出「戰鬥或逃跑」的二選一反射行為。

它叫「二十分鐘原則」（20-Minute Rule）。

在你感覺自己快要失去理智的時候，「二十分鐘原則」就會派上用場。你的呼吸漸漸急促，血液正在沸騰，臉頰變得通紅，然後你對自己說：「就這樣了，我要爆炸了。」

你活得夠久，足以判斷自己什麼時候正在失控邊緣。你知道那是什麼感覺，所以以下是你接下來該做的事。不要杵在原地沉思，把你自己從事發現場移開。找個藉口走人，然後去別的地方，做別的活動。你的身體需要二十分鐘才能恢復正常的狀態，意思是你的前額葉皮質那時候才能重新掌控你的行為。在那段時間裡，你需要遠離把你變成這種狀態的情境還有對象。

採納「二十分鐘原則」，意味著當你感覺自己快要失控時，你就要馬上做到三件事情。我把它稱作「二十分鐘原則」的三個R。

認知（Recognize）。對你的狀態有所認知，要主動意識到你正在逐漸失去理智。你知道這種時候會有哪些跡象，不要等到它們通通出現。在你感覺到跡象開始出現時，就要對自己承認什麼事情正在發生。

抽離（Remove）。將自己抽離那個情境，去別的地方待個二十分鐘。在那段時間內，讓你自己投入完全不一樣的事情，去做對身心健康有益，能幫助你冷靜下來的事。喝水、飲茶、打給你愛的人，或到戶外呼吸新鮮空氣。如果想從某個可能讓你失控的情境脫身，你可以用類似這樣的表達方式：「讓我想想」或「讓我思考一下」。沒有人會因為這種話而生氣，這是一種結束對話的禮貌方式，可以幫助你從不妙的情境抽離，讓你免於情緒失控或失去理智。

有的時候，在特定地點、場合，或對象的局限下，「抽離」並不可行。當這種情況發生時，你還是需要對自己進行情感上的抽離，避免自己口不擇言，做出不該做的事，寫出不該寫的文字。這時候，「讓我想想」跟「讓我思考一下」，還是很恰當的應對方式，或用其他類似的話解釋你為什麼不發一語，同時給你自己時間好好冷靜，把大腦裡的杏仁核從駕駛座上趕走。如果你陷入糟糕的情境，難以脫身，還是要盡可能找到讓自己冷靜下來的方式，像是喝些茶或水，均勻地深呼吸，或想些快樂的事。

重新組織（Regroup）。二十分鐘後你就可以回到現場，要知道此時是由前額葉皮質在掌控大局。記住，前額葉皮質能讓你作出最佳的選擇。二十分鐘是回復正常所需的最短時間，你也可以多等幾小時，或隔天再重回現場。

2 鏡像原則

有天我女兒放學回家，跟我說：「老師說我們隨時可以去找她。她說：『我的大門永遠為你們敞開』。」接著我女兒壓低了聲音，果斷地告訴我：「我不會去找她，永遠不會。我們之間根本沒有那種連結。」

我心想：「全是空話。」我有多常聽到這些話呢？類似這樣的話：

你可以跟我傾訴任何事情。

你知道我很關心你。

我保證我不會生氣。

這裡很安全。

我的學生（員工）永遠都是最重要的。

這些全是空話。你希望某人對你坦白，但你自己曾幾何時有向他坦白？你希望某人對你開誠布公，你又曾幾何時向他開誠布公？你希望某人支持你，再為你加把勁，你又曾幾何時有為他加把勁努力？

這就是「鏡像原則」（Mirroring Rule），道理很簡單。你想從別人身上得到什麼，就得從你自己開始做起。

你希望他們關心你？那就開始關心他們。

你希望他們喜歡你？你自己有喜歡他們嗎？

你覺得他們對你不友善。你自己對他們友善嗎？

不管你希望別人做到什麼，都要從你自己開始做起。再說一次，這時候搞清楚輕重緩急非常重要。你是要獲取大眾的喜愛，還是想跟特定的關鍵人物產生特別的連結？是時候對自己坦承了。這些人際關係對你來說有多重要？0－10分的重要等級，你會給這些人際關係打幾分？

我的意思是，很顯然你想當個普遍定義的好人，盡可能平等、友善地對待他人。但這不表示你需要花費時間精力，來確保你一天之中遇到的每個人都愛你。對那些萍水相逢、交往不深的對象，你只需要做個正派的人，把精力留給和你往來密切、關係深刻的人就好。

只在週末研討會出現的老師，和陪伴學生整個學期或整個學年的老師相比，自然不會和學生建立多深入的連結。話雖如此，盡可能真誠、開放地接受學生日後的聯絡或提問，這也不會有什麼壞處。

早上幫你沖咖啡的咖啡店店員，也許知道你的喜好，值得你給他一點小費，還有一抹友善的笑容；不過如果想來場半小時的促膝長談，更適合的對象可能還是坐在你隔壁桌工作的女人，畢竟她每天和你朝夕相處八個小時，還跟你擁有共同的挫折與希望。

是，我知道某些情況下，你付出了心力，卻總是得不到回報，這都沒關係。不過你可以自己決定，要不要把你的好意和寶貴的精力保留起來，拿去一個更值得投資的地方，讓你的付出反映在收穫上。不過你要先從自己開始做起——永遠都要從自己開始做起。然後當事情不順利時，先別怪罪其他人，在你指責他們哪裡做錯以前，先檢討一下你自己。

|3| 百元鈔票效應

如果我們是同事，或者同個社區的鄰居，想像我對你說：「嘿，我有大把的百元鈔票可以發給別人。如果你來跟我打招呼，我就會給你一疊鈔票。」那你會來跟我打招呼嗎？我想你會。

你知道嗎？每當你真心地稱讚某人時，就會觸發對方大腦的獎勵中心——這同時也是一個人收到現金時會刺激的大腦區塊。意思是，你每天早上都相當於握有一大捆的百元鈔。你可以直接把它分發出去，因為它不是真的鈔票，只是讚美的話語，不會讓你的銀行戶頭有任何損失。

就像是如果你知道我要普發現金，你就會來找我，主動和我交流一樣，你也會主動和真心讚美他人的人進行交流。在本書第三章，你讀到了負面偏見的內容，知道周圍的人總是告訴我們哪裡做錯，但當我們做對某事時，人們卻往往直接忽視，對此不予理會。

有很多次，我請我的觀眾或工作團隊舉個例子，告訴我他們過去一個禮拜內真心稱讚過誰。我得到的是滿屋子抓頭沉思的人，絞盡腦汁試圖擠出一個例子給我，有時候他們好不容易才想到一個。

我說的真心讚美不是指「我喜歡你的毛衣」或「髮型不錯」。這沒有不好，別誤會，但對大腦的獎勵中心來說，這種興奮程度只和五分硬幣相當，還達不到一疊百元鈔票帶來的刺激。我指的真心讚美是對某人說出類似這樣的話：

「我一定要告訴你你幫了我多大的忙，你想到的法子真的太聰明、太天才了！」

「我喜歡你的專案成果，你用×××做出的效果真的超讚！」

「我沒有認識哪個比你更擅長處理客訴的人，你一直都很誠懇、很窩心，你讓我很驚豔。」

「妳根本是神力女超人，怎麼有辦法這麼優雅地同時應付這麼多事啊？我真的很佩服妳。」

「你是我見過最有創意的人之一，我很欣賞你解決問題的方法，好想找個時間跟你學一學。」

我說的讚美是指某個人完成的某件事、付出的努力，或者對方做為一個人的重要特質，而不是和他們的外表有關，或者他們擁有的某個物品。你在讚美一個人的時候，需要穿透表象，深入挖掘。對方會對此很感激，你自己也一樣。

當你花時間去做這件事，你也是在花時間思考、評估對方的優點。在你身處領導階層，或是未來有需要擁有這項技能的人才時，這對你來說會是一項特別寶貴的工具。如果你早早弄清楚周圍的人有什麼優秀之處，那在你需要這些特質的時候，你馬上就會知道自己該向誰求助。

就好像如果你四處發送大把現金，你就會變得超受歡迎一樣，如果大家都知道你常常大方給予真心的讚美，那每個人都會想討你歡心、為你效力，因為你會廣發「百元讚美」（價值一百美元的讚美）。他們生命中已經有夠多的人，整天告訴他們自己做錯了什麼事；他們會寧可專注在你身上，討你歡心，為你付出，不只是因為你看到他們有多棒（終於有人看到這點），知道他們有多努力，而且你還會讓他們對自己感覺很好。

談論如何真心讚美他人，其實也就是在談論保持真心這件事。當你真心稱讚某人，觸發了他大腦的獎勵中心時，正面的感受會促進分泌多巴胺之類的化學物質，讓他們心情變好、自尊提升。但問題來了：假如你的讚美是虛假、不真誠的，對方感覺得出來，當然就不會產生一樣的效果。事實上，你還可能讓對方感覺更糟，因為他察覺到你缺乏誠意。

真心稱讚某人的努力或是優秀的成果，同時也會建立一股連結感。這其中的心理反應就像這樣：**當你足夠了解我，知道我有多努力時，在這種誠懇正向的氛圍裡，我可以感覺到自己和你變得更加親近。**

還有一個理由能解釋你為什麼要使用「百元鈔票效應」（$100 Bill Effect）。這對你的心理健康有益。對某人給予真心讚美，不只能讓他感覺良好，還對你個人的心理健康有正面影響。它為你帶來的是同理心和善心的提升，能讓你的心態轉變得更積極，增加你的快樂、滿足感，並且增進整體的幸福感。所以幫助別人，也是在幫助你自己。

這背後的科學原理在於鏡像神經元（mirror neurons）的概念。這些大腦裡的神奇細胞，會在你觀察別人的行為舉止或情緒狀態時被激發。當你真誠地讚美某人時，你的鏡像神經元就會活躍起來，讓你真實體驗到一種近似於接受別人讚美的正面感受。這會在你大腦中製造一個正面的回饋循環，強化你的幸福感和同理心。所以給予真心的讚美，不只能鼓舞他人，還可以在過程中增進你的個人心理健康，我想不出有什麼比這更好的雙贏局面了。

4 流血之人的比喻

想像你面前有個男人倒臥地上，全身淌血，在地板形成血紅的水窪。難道你會走上前去，跟那個男人說：「不好意思，先生，你把這裡弄得一團亂。我還有事情要忙，你打斷我了。可以請你離開嗎？」

誰會這樣做？你應該會立刻打電話求救，然後溫柔地對著那個男人輕聲說：「先生，我已經打電話了。救援馬上就到，你會沒事的。」

如果我說，我幾乎能肯定你曾經面對某個正在流血的人，非但沒有幫助他，還嫌他礙事，說他把事情搞得一團糟，你會怎麼想？你可能會否認，說我瘋了。畢竟誰會做出這麼可怕的事情？

每個人。

常常。

不自覺間。

你看，一個過勞的人，用比喻來說，就是在你眼前淌著血，在地上留下一攤攤的血窪。問題是你看不到，他的痛苦是肉眼看不見的。

過勞的人不好相處，跟他們打交道並不好玩。過勞的人往往焦躁、易怒，喜歡被動攻擊[10]，還常常不可理喻。因為你看不到，所以很多時候你和他們交談的當下，並沒有意識到他們就在你眼前流著血。把這想成內出血，你從表面看不出任何外傷，但在體內，他們正被折磨至死，迫切需要幫忙。

過勞的人不太可能把你拉到一邊，主動坦承這件事。他們不會拍拍你的肩膀，禮貌地解釋：「嘿，我想告訴你，我最近真的累到不行，所以有可能我會不好相處、焦躁、易怒、對你被動攻擊，我只是想讓你知道這點。」

這不可能發生。你知道為什麼嗎？因為累到這種程度的人，不會意識到自己已經過勞了。他光是想著要怎麼安然度過這天，就已經焦頭爛額。他完全處於生存模式，沒有時間、精力事先向別人為了自己後續的行為道歉。

下次當你碰到一個焦躁、易怒、有攻擊性、難相處的人時別跟他起衝突。告訴自己：「這個人此時此刻就在我眼前流血，我要對他盡可能保持同情心。」

根據他們態度糟糕的程度，你可能會需要使用「二十分鐘原則」，將自己從那個情境抽離，但不要加劇事態，或者二次傷害已經在你眼前淌著血的人。

當這種狀況發生在你身上時，要對此有所警覺。過勞會破壞你的6%俱樂部之旅，你現在就需要你的精力。設下界限，守護你的時間，守護你的精力。每天用一件事餵養你的心智，滋養你的靈魂，並且照顧你的身體。這會有助於你保衛自己免於過勞。許許多多的人都忙於照顧他人，而忘了照顧自己。每天記得提醒自己：你很重要，你的成功也很重要。不只是你而已，這對你周遭的人們來說也很重要。你需要你的精力、你的專注力，還有你寶貴的時間，才能把精神集中在此時對你最重要的事情上：你的未來。

5 骨牌效應

我知道你對於加入6%俱樂部感到很興奮，正在思考你有多少想做的事

10 passive aggressive，指一種迂迴表達自身憤怒或敵意的消極態度，包括刻意遲到、保持沉默，或言語嘲諷。

情。你可能列了一長串的清單，上面寫滿了你想實現的目標，現在就想！那很棒，不過我其實希望你採取一個稍微不同的做法。

我希望你在三十天內，一次瞄準一個目標就好。原因在這裡：當你設定目標時，一次只專注一個目標，會比你一次有很多（或者一些）目標，在科學上來得更有幫助，可以讓你避免自己不堪負荷。人類大腦的容量和注意力有限，就好比電腦的記憶體有限一樣。當你試著同時兼顧多個目標，你的大腦資源就會被分散，讓你更難集中精神，有效率地達成任何目標。連續三十天，在同時處理生活大小事的情況下，你列出的所有目標，光是專注追求其中一個，都會消耗你非常大量的腦力。如果現在把一個目標換成很多個目標，你會招架不住。如果選擇單一目標，你就能把自己的心力和資源，通通投注在那項特定的任務，大幅增加你成功的機會。

連續實踐三十天，就會加強你對這個目標的神經傳導路徑。相較之下，若是將你的注意力分散在多個目標上，你的大腦就會更難養成習慣、強化習慣。

另一個你不該用太多目標壓垮自己的原因，在於這會增加你的壓力和焦慮。你的大腦會將這種難以承受的情況視為威脅，引發壓力荷爾蒙，例如皮質醇[11]的分泌。這會對你的認知能力造成負面影響，讓你的目標更難達成。一次專心追求一個目標，你就可以減輕壓力，讓你的大腦發揮最好的效能——這正是你所需要的。

最好的消息還在後頭。我承認，一個習慣不會改變你的人生。它會帶來幫助，很棒，不過不足以改變你的人生。但假如你在保持第一個習慣的同時，再選一個別的，用接下來的三十天來養成這個新習慣呢？然後再選一個新的，在保持第一、第二個習慣的同時，用另外三十天來培養它？

想像你在四個月內養成了四個新的健康習慣。如今你充滿自信，正在朝著自己的未來前進。這是一個截然不同的局面，你現在面對的是一個蛻變的過程。而這就是改變的真諦。你對舊日充滿厭倦，準備迎接新世界的到來。你正在從往日脫胎換骨，為了全新的生活做好準備。你將要蛻變成自己命中注定的模樣！

11 cortisol，一種由腎上腺分泌的類固醇激素，屬於糖皮質激素。它在調節新陳代謝、免疫反應，以及應對壓力方面扮演著重要角色。

6%

很多人開始了又放棄。
但你不會。現在不會。永遠不會。
勇往直前。
你的人生、成功，還有幸福，
都掌握在你的手中。

8
CHAPTER
歡迎來到6%俱樂部！

我知道你對於成為6%俱樂部的一員感到很興奮，想要趕快開始！我希望確保你在旅途開始時，能盡可能擁有最棒的體驗。這就是為什麼，我在這個章節會告訴你，你在第一天還有第一個月要做些什麼。我也會回答你對整個流程可能抱有的疑問。準備好了嗎？歡迎來到6%俱樂部！把這想成你的指南。

1 你在6%俱樂部的第一天

既然你已經知道真正改變任何事情的秘訣——你的職場或事業、你的健康、金錢、心理健康、人際關係，或換句話說，你的未來——那麼是時候動起來了。我們前面談過採取行動的重要性。今天就是你採取行動的日子。

我知道，開始並不容易，可能會讓人有點害怕、不舒服。你有自己習慣的做事方法，感覺更熟悉更安全，但現在你要為機會戰勝恐懼。這是一個千載難逢的好機會，能讓你過上最圓滿的人生，讓你變成自己命中注定成為的人。你不能錯過你自己，就算你的舒適圈待起來很愜意，那也是個圈套。如果它妨礙你取得理想的事業或職涯，讓你無法擁有想要的經濟和健康狀況，還有最重要的——你自己的幸福和成就感，那這就不是真的愜意。

你知道你的大腦可能會害怕成功嗎？這和它的運作方式有關！科學家發現，你大腦裡的不同區域，例如杏仁核和前額葉皮質，在你對成功做出的反應中，扮演著重要的角色。杏仁核就像是大腦裡的恐懼中心，讓你感到害怕和焦慮。在你思考成功的事情時，這個大腦區域就會變得過於活躍，讓你產生擔憂或不確定感。

你的大腦還有另一個區域參與其中，叫做前額葉皮質。它幫助你制定決策、考慮風險。有時候，如果這個大腦區塊過度活躍，就會導致你太專注在負面想法，擔心自己要是成功的話會發生什麼事。這可能讓你感到更害怕、更不確定。

你的大腦裡，名為多巴胺和血清素（Serotonin）的化學物質，也在你對成功的感受中，扮演了特定的角色。多巴胺就像快樂的化學物質，在你有所成就，或想到成功的獎勵時，能讓你心情愉悅。但假如你害怕成功，你的大腦就有可能釋放不出足夠的多巴胺，導致你將成功視為某種可怕，而非美妙的東西。血清素是另一種能左右你心情的化學物質，如果你的血清素失衡，就有可能讓你感到焦慮和害怕，對成功產生恐懼。

但好消息來了！只要明白大腦的運作機制，了解你為何害怕成功，你就可以學會改變自己的思維，改變你對成功的感受。某些療法，例如與他人交談，或是正念練習，都可以幫助你改變自己的思考方式，使你對成功更有自信。關鍵在於幫你的大腦更換線路，學著以勇氣和決心擁抱成功、追求成功！

你在6%俱樂部的第一天，要做到以下三件事：

1. 下定決心，不再讓恐懼掌控你的人生。不要恐懼成功、恐懼失敗、恐懼其他人不開心，都不要恐懼這些。

2. 從你的舒適圈邁開第一步，向它說再見。你的舒適圈就象徵著你對困境和挫折的恐懼。

3.為你接下來的三十天制定一個詳細的計畫。方法如下：

步驟一：盡可能明確和詳細地用一句話來定義你未來三十天的目標。

步驟二：用0－10的評分標準幫這個目標的重要性打分數。0代表完全不重要，10代表非常重要。專注在你的10分事項上。

步驟三：具體列出未來三十天內，你為了確保達成目標，將使用哪三種不同的實行方式。記得具體、詳細一點：什麼時候？做什麼？怎麼做？在哪做？做到什麼時候？

你在嘗試新事物的時候，能夠越具體、越詳細，你就越有可能成功，因為你正在和自己的大腦作對，需要在未來三十天內，努力抑制大腦將你拉回舊習慣，讓你走回神經傳導既定老路的傾向。

這裡有兩件非做不可的事情。你一定要把你的目標寫下來，然後你一定要把它放在自己每天、整天都會看到的地方。原因如下：之所以把目標寫下來，再放到每天都看得見的地方很重要，是因為這有助於你保持專注和動力。當你把什麼東西寫下來，它就會變得更加真實，更有實感。這樣比起藏在心裡，更能賦予你的目標一個具體的輪廓。每天都看到你的目標，就能提醒你自己想達成的願望，藉此讓你保持在正軌之上，起到提醒的作用，幫助你長保達成目標的決心與動力。

別忘了，你的大腦更喜歡維持現狀，重回往日習慣，很快就會讓你忘記目標，忘記相關的細節，或單純拖延行動，找出所有可能的藉口。但假如你寫下自己的目標，就能激發大腦裡的網狀活化系統（RAS），它就像是大腦的過濾器，負責決定要關注哪些資訊。只要你把目標寫下來，每天看著它，你就是在告訴自己的大腦，這個目標對你來說很重要，網狀活化系統就會開始專心幫助你達成目標。這有助於訓練你的大腦，讓它關注對你的追夢之旅有益的機會和資源。

寫下目標對你有幫助的另一個原因，在於它會增進你的記憶力和認知能力。在你把什麼東西寫下來的同時，你的大腦會積極參與過程，有助於你整理想法和釐清目標。這種參與過程和對目標的清楚定義，會讓你的大腦更好記住，更容易回想起你想達成的目標是什麼。就好像給你的大腦一張藍圖參考，讓它能更有效、更高效率地實現你的目標。

每天都看到你手寫下來的目標，會起到持續不斷的提醒作用，這正是你前三十天需要的東西。這樣可以激起你的動力和信心，達到視覺提醒的效果，提醒你自己能夠實現什麼願景，還有需要專注在什麼事物上。這種固定不斷的視覺提醒，能加強你對自己的信心，還有你實現目標的能力，每天給你定量的鼓勵和專注力，讓你長保專注、持續前進。

把你的計畫貼在冰箱上、書桌上、床旁邊，或是設成螢幕保護程式，讓它時時刻刻出現在你眼前。這就是你在6%俱樂部第一天的任務。你已經邁出了第一步，我真為你感到興奮。現在來談談接下來的三十天吧。

2 接下來的三十天

如果你在6%俱樂部的第一天，關鍵在於制定計畫，那接下來三十天的關鍵，就在於持之以恆。你的目標是在每天同個時段，去做同件事情，好在大腦裡開闢一條新的神經傳導路徑，或是強化某條你忽略至今的舊的路徑。你越堅持不懈，這條神經傳導路徑（這個新的習慣），在你大腦裡就開道鋪路得越踏實。

所以持之以恆為什麼這麼重要呢？因為這有助於你的大腦和身體習慣規律進行某件事情。當你連續三十天，每天同個時段去做同件事情，你的大腦就會更容易把它變成一個習慣。你的大腦喜歡固定的例行公事和行為模式，所以當你持續不斷地去做某件事時，就等同於在開闢一條新的神經傳導路徑，透過一次次的實踐，讓這件事變成更輕鬆的自動導航路線。

在你反覆進行某件事的時候，大腦中的細胞會增強彼此之間的連結，就好像在神經元之間搭建一座橋梁，讓資訊傳遞變得更容易。這就是神經傳導路徑，是你在大腦另闢的蹊徑，也是我們一直談論的重點。所以當你每天持續去做同件事時，你的大腦會針對那項活動，開始建造與它之間更強烈的連結。這可以讓你的大腦更容易記住這個習慣，不必多想、多費力氣，就能自己輕鬆執行。

你這三十天內做的事情，基本上就是訓練自己的大腦。當你承諾要連續三十天，每天固定時間進行某件事情的同時，你就是在訓練自己的大腦，克服任何可能出現的阻力或藉口。你的大腦會把固定的時間與活動，聯想成無法妥協的堅持。這樣就算哪天你不想做這件事，你的大腦也會提醒你自己做了什麼承諾，讓你更難偷懶或是放棄。

別忘了，一旦你堅持下去，你就會感覺非常美妙。持之以恆會為你帶來成就感，讓你建立自律。就好像鍛鍊肌肉一樣——你訓練得越多，這塊肌肉就變得越強壯。如果你搞砸了，也不要責怪自己，只要回到起點，連續三十天，在同樣時段去做同件事情。

很多人開始了又停下來，開始了又失敗，開始了又放棄。但你不會。現在不會。永遠都不會。勇往直前。歡迎來到6%俱樂部！

3 如何做出真正的改變：你的五十個常見問題Q&A

1. 我每天都需要問自己哪個是最重要的問題？

每一天，你都需要問自己一個非常重要的問題：「此時此刻的人生裡，我最想要什麼東西？」這個問題就像指南針一樣，可以指引你朝真正重要的事物前進。它可以幫助你專注在自己內心的渴望，而不是他人對你的期許。

當你每天對自己拋出這個問題時，你就好像一名偵探，在對自己埋藏最深的願望和夢想展開搜查。你不讓人們的個人意見，還有對你施加的壓力左右自己；相反地，你仔細傾聽自己的心聲與想法，幫助自己設下有意義的真實目標。

這個問題會提醒你，你的渴望跟夢想都非常重要。它會這麼說：「我的人生由我自己決定，我不會只照著別人的期待走。」只要經常詢問自己這個問題，你就能建立起自信心和自我價值，將人生視為一場你可以自行掌握的旅程。

這個問題也可以很有彈性。你的渴望可能會隨著時間改變，你之前最想要的東西，可能和你今天想要的不同。經常問自己這個問題，你就可以隨時掌握自己不斷變化的夢想，意思是你可以根據當下對自己最重要的事物，適時調整你的目標。

這個問題還可以幫助你對自己的人生負起責任，提醒你你才是自己人生故事的主人，你要對自己的選擇負責。這樣能使你感覺更有動力，目標更加明確。當你設下的目標來自於自己最深的渴望，你就會加倍努力完成目標。

最後，這個問題還能讓你不要再拿自己和他人進行比較。現在這個世界裡，我們很容易就能看到別人在做什麼，然後覺得自己也需要和他們一樣。但只要你問問自己最想要什麼，你就能專注在你自己的人生旅程上，不再擔心他人的想法，開始相信你自己。

總而言之，「此時此刻的人生裡，我最想要什麼東西？」這個問題是個強而有力的工具，能幫助你探索自己，賦予自己能力，還有設立真實的目標。它有助於你追求自己的渴望，還有建立你的自信。它能夠有所變通，提醒你你的夢想是有可能改變的。它還能讓你奪回自己人生的主導權，不再拿自己和別人進行比較。所以只要每天問你自己這個問題，你就能朝你理想的人生樣貌，邁出重要的一步。

每天問問自己：此時此刻的人生裡，我最想要什麼東西？這個問題會成為一盞明燈，指引你設下目標，讓你專注在對自己最重要的事物上，而不是忙著討好其他人，或是完成別人對你的期望。

2. 如果我感覺自己落後了，那該怎麼辦？

當你發現自己進度落後時，很自然會感受到一股焦慮和壓力。你第一直覺的反應，可能是快馬加鞭，拚命追趕進度，但這不見得總是最佳解方。你應該反過來，想想停下腳步的力量。停下腳步不代表你的計畫就會停滯不前；這是在給你自己一段思考的時間，讓你可以重新組織、制定策略。這種從被動應對到主動出擊的立場轉換，對於重掌主導權來說至關重要，同時也能減輕你不堪負荷的感受。

當你覺得自己進度落後時，你的第一反應往往是急迫感和恐慌感。你可能感覺自己像在跟時間賽跑，迫切希望能趕緊縮小差距。這種反應模式可能會增加壓力和焦慮，讓你更難經過深思熟慮作出明智決定。然而，如果你可以放慢腳步停下來，就能給自己一個機會，脫離手忙腳亂的狀態，改換一個更主動積極的心態。

要你暫停下來，不等於要你好好坐著不動，當然如果這對你有幫助的話，也沒有不行。重點在於，為你當前的狀態按下「重置」按鈕。在這段暫停的時間裡，你可以進行各式各樣的活動：你可以選擇出門散步，讓你的心思也出來走走；你可以去游個泳，在游泳的同時釐清自己的思緒；或者你也可以和某個信任的人說說話，和對方分享你的擔憂，尋求他的意見。

關鍵在於，你暫停下來的這段時間，要拿來進行反思和制定策略。這是你重掌人生，奪回主導權的機會。利用這段時間好好思考自己的現況，你就能為自己的下一步，作出更明智有效的決定。

這種積極主動的心態，能為你帶來意想不到的力量。你不是眼睜睜看著混亂局面，感到不知所措，而是掌控著大局。你正在分析所有選項，制定一個計畫，過程可能包含重新排列事情的輕重緩急，尋求他人協助或指導，也有可能只需要花點時間喘息，讓你重拾自己的冷靜。

如果你感覺自己進度落後，那也沒關係。你可以停下來，喘口氣。別忘記，雖然這可能有點違反直覺，但停下腳步，反而是奪回掌控權的重要一步，能讓你從被動模式，切換成主動心態，讓你作出更明智的決定。不論你是停下腳步、安靜思考、進行動態活動，或是與人交談，關鍵都在於制定策略，還有描繪接下來前進的路線。如此一來，你會發現自己已經全副武裝，準備好面對路上的重重挑戰，還有重新奪回人生的主導權。

3. 為什麼我什麼事都做不好？

你看起來什麼事都完成不了，那是因為你正處於過勞狀態。過勞就像電量完全耗盡的電池；它會讓你感到筋疲力盡，還會耗損你的精神能量。當你處於這種狀態，你就非常難保持效率和生產力。棘手的是，當你深陷過勞狀態時，你可能對此完全沒有意識。所以當你發現自己做什麼事都無法取得進展時，就該確認一下自己的狀態了。很有可能你已經過勞了，就算你自己還沒有完全意識到這一點。

過勞可以顯示在各式各樣的跡象上，可能會讓你感到持續的疲憊，降低你的動力，並且讓你對手頭的任務和目標失去興趣。這就好像一團迷霧籠罩，遮蔽了你的思緒，讓你的熱情變得朦朧不清。遺憾的是，過勞的跡象往往不為人知，要等到它對你的生產力和幸福感造成損害，你才會發現。

這裡的挑戰在於，當你深陷過勞處境時，你可能不會注意到這些跡象，就好像疲憊感本身阻擋了你的腳步，讓你無法退後一步、看清事態。你會陷入一個循環，因為不堪負荷、疲憊不已，而更難做出改變，或者提高自己的生產力。這就是為什麼自我覺察相當重要。

所以如果你很難把事情做好，那你就非常需要休息一下，好好審視自己的狀態。這會是過勞導致的問題嗎？考慮到現代社會的高壓和高需求，這個可能性很高。意識到過勞的存在，就是你處理它，恢復精神能量的第一步。

當你試圖提高生產力，或是做出改變時，就勢必得克服過勞的問題。你可以在本書第七章找到一些有用的秘訣，幫助你制定處理過勞問題的有效策略。這些方法有助於你提升精力、重燃動力，藉此擺脫過勞的魔掌束縛。

克服過勞的一個有效方法就是自我照顧，意思是照顧好自己，把自己的健康幸福視為首要之務。這個做法包含確保睡眠品質與長度，健康飲食，還有規律運動。除此之外，還要花時間好好放鬆、自我充電。要做到這點，你可以嘗試正念練習，享受嗜好，或是與所愛之人共度時光。目標是增強你的精神力量和情感力量，能有效防止你陷入過勞。

另一個重要策略在於設定界限。這個世界總是尋求著你的關注，所以為你的時間和精力設下限制非常重要。這代表你要在必要的時候說「不」，然後不要承擔太多責任。確實保留休息和放鬆娛樂的空間，你就可以避免造成過勞的局面。

設定明確的目標，也對打擊過勞有所幫助。當你的目標足夠明確、可行時，你就更有可能保持動力和專注。這些目標就像夜空中的明亮星辰，指引你該往哪裡努力邁進，賦予你一股使命感。把大目標拆解成容易執行的小步驟，可以讓它們顯得不那麼累人。

因此，在你提高工作效率或做出改變的旅途中，解決過勞問題是一個關鍵的基礎，能夠幫助你重新充飽自己的精神電量，確保你有能量有效達成目標。一旦你能辨識過勞的跡象，練習自我照顧，設下界限，並且設定明確的目標，你就有辦法應對過勞的危機，重獲嶄新的能量與動力。這樣一來，你就做好了萬全的準備，可以達成你想要的改變，並且有效提升你的工作效率。

4. 我要怎麼真正改變自己的生活？

許多人都會談論改變，但很少有人能持之以恆。這本書的內容正是關於這點。在生活中作出一個真正的改變，就等同於你蛻變的過程。你會搖身一變，成為說到做到的人。你會停下腳步問問自己，什麼對此時的你來說最重要，接著你制定一個詳細的計畫，設下截止期限，然後連續三十天，每天在同個時段重複實行新的習慣，藉此做出實際的改變。改變對於提升你的生活，和你做為人的特質，都會產生累積的效果。你可以透過第七章關於骨牌效應的內容，得到更多的相關知識。

5. 假如我不知道自己的目標是什麼，那我該怎麼辦？

如果你現在感到有點茫然，不太確定自己的目標在哪，有一個簡易的指南可以幫助你找到方向。這就像在生活的忙亂喧囂中喘口氣，是你傾聽內在心聲的機會，能讓你了解什麼對自己來說才是真正重要的事物。

首先，稍微停下腳步。你可以悠閒地散散步，和某個你在乎的人盡情暢談，或單純坐下來，靜靜地思考。在這段停下腳步的時間裡，問問你自己這個重要的問題：「現在對我來說最重要的是什麼？」這個問題和你個人的渴望有關，不是你的父母、伴侶，或其他任何人對你的期望，而是關於你真正想要的一切——你的「10分項目」。

把你的10分事項視為自己內心最深處的渴望，是你真正想要，而非他人期望的。有時候，在忙碌的日常生活裡，我們會忘記自己真正渴望的是什麼。

我們會一味試圖滿足別人的期待，還會盲從他人、隨波逐流。但在你停下腳步、仔細反思的時刻，你可以重新和內在的渴望取得連結。你內在的聲音，過去可能被淹沒在日常的喧囂裡，如今再度響起，揭露了你真正重視的一切。

你的10分可以是任何東西——投入一項創意嗜好，轉換工作跑道，或者付出更多時間在你熱愛的事務上，可能和改善工作與生活的平衡有關，也有可能在於增進你的人際關係，或純粹是多照顧自己一點。你的10分要務對你來說獨一無二。

當你擁抱自己的10分目標時，你會從試圖討好他人，轉變成專注在自己的幸福之上。你作出的選擇，會開始與你最深切的渴望呼應，你會活得更真實，過著與自己價值觀一致的生活。你的10分會成為指引你方向的明亮之星，幫助你設定有意義的目標，使你作出反應自己真實願望的選擇。你不會再被他人的期待牽著走；相反地，你會跟隨內在羅盤的引導。

所以當人生感到混亂時，別忘了停下腳步，找到你的10分目標。它會為你帶來指引，引領你走向正確的方位，朝充實又有意義的人生邁進。

6. 我有很多目標的話，該從哪開始？

擁有很多目標是件好事，但有時你需要作出艱難的選擇。就像是站在十字路口一樣，儘管有很多誘人的選項，你還是必須挑出一條路走。

想像你有各式各樣的夢想想完成，但你沒辦法全部同時實現，此時你可以使用一個簡單的方法讓這件事變得容易一點。你可以用0到10分的標準，根據不同目標的重要性來幫每個目標評分。選出來分數最高，你最在乎的那個，就是你現在要關注的重點。

專注在這個首要目標上，意味著你要把自己大部分的體力和資源都投注在上面。就好像在無限可能性的茫茫大海之中，用一束明光照亮你選擇的目的地。這樣一來，你成功的可能性會大幅上升，因為你沒有一次嘗試進行太多事情。

現在，讓我們來談談你要怎麼用三十天的時間來完成你的首要目標。這個想法的基礎來自一個事實：將某件事變成一個習慣，或是朝著一個目標取得重大進展，通常都需要花費一個月左右的時間。這在心理學和個人發展領域，都是一個廣為人知的概念。

這三十天就像一段特別的時間，能讓你專注在自己最重要的目標上。你不用趕；你踏著穩健的步伐。在這段期間，你把你的目標拆解成更容易解決的小任務。把這想像成你將一幅大拼圖，拆解成更好處理的小碎片。這個步驟相當於提供你一個計畫，每天指引你正確的方向，讓你更容易保持在正軌之上，避免分心或偏離航道。

隨著這個月的日子一天天過去，你會漸漸看到成效，就好像看著毛毛蟲緩慢羽化成蝶。你每一天做出的微小改變，都會造就出巨大成就。這些進展會讓你更加堅信，自己有能力達成目標。

為了讓你的承諾更加堅定，你需要制定一個清楚的計畫，規劃這三十天內的每日行動。這個計畫能幫助你了解自己每一天要做些什麼，才不至於偏離正軌。

挑選目標，然後將目標排列優先順序，會是你邁向成功的一大步。幫你的目標評分排名，接著專注在對你來說最重要的目標上，你就可以讓前進的道路更加明朗。投注三十天的時間在你的首要目標上，有助於你堅持下去、努力不懈，並且讓你的夢想逐漸成為現實。

7. 我不相信我自己。該怎麼解決這個問題？

當你深陷自我懷疑時，可以採取某些立即措施，增強你對自己的信心。首先選擇一句激勵人心的話，例如「我很快就會加入6%俱樂部」，接著一整天不斷重複這句話。這道咒語會成為你的積極正向小夥伴，提醒你你有能力創造充滿意義的改變。

你的旅程由一次成功拉開了序幕，當你達成了某個正面的改變時，它就為下一次的成功打下了基礎。這個連續不斷的過程，隨著時間漸漸累積了成效，逐步建立起你的自信。你的自信心日漸增加，進一步推動了你的成功，形成一個成長和成就的循環。

這道咒語可以成為一盞明燈，指引你突破自我懷疑的阻礙，你要記得堅持繼續使用它。你每踏出的一小步，都在加強你對自我的信念，甚至引領著你走向更堅定的自信、更偉大的成就。

8. 我覺得其他人好像不相信我。我該怎麼辦？

如果你周圍的人們都不相信你，你就有必要考慮換個環境。你花最多時間相處的對象，會對你的生活造成巨大的影響——你身邊最親近的五個人，加總起來的平均值，就是你會成為的模樣。如果你一天中的大部分時間，都在和不相信你的能力的人相處，他們的負面想法，就會悄悄滲透進你自己的信仰體系。就好像你吸收了他們的懷疑和不安全感，最終讓你的自信心遭到耗損。你投注越多時間到這個有毒的環境，這個環境就會侵蝕你越多的自信。

這個情況之所以會發生，是因為周圍的人會影響你的想法、感受和行為。假如他們不斷質疑你的潛力，你自然而然就會開始懷疑你自己，讓這種負面能量傳染、滲透進你的思考模式裡。

因此，當你感覺周圍的人都不相信你時，就該考慮做出改變了。去尋找能激勵你、支持你，而且對你的能力有信心的人，讓你自己被正面能量和鼓勵的話語包圍，隨著時間過去，他們對你的信心能幫助你逐步重建自信。別忘記，不管是在塑造人格特質，或在你對自己的想法這兩方面，周圍的環境都會起到關鍵的作用。只要選出正確的相處對象，你就往重拾自信的目標，邁出了重要的一步。

9. 我為什麼這麼喜歡討好別人？

人們之所以喜歡討好別人，常常都是受到恐懼驅使。他們會害怕自己如果不討別人歡心，就得不到別人的喜愛或接納。這股恐懼往往十分強烈，以致於人們不計任何代價想得到他人的喜愛，即使這意味著要持續不斷地去討好這些人。從長遠來看，這種受到恐懼驅使的討好行徑可能非常有害。這種人沒有專注在自己的夢想和目標上，反而將自己寶貴的時間、精力拿來回應別人的渴望，像是擱置自己的願景，去滿足他人的需求。

這種行為模式就好比往每個人的花園裡澆水，卻完全無視了自己的那座花園。這可能可以短暫使其他人感到開心，卻會讓討好他人的那個人感到不被滿足，覺得自己並不重要。他們努力付出，確保所有人的需求得到滿足，卻忘了自己的需求。

隨著時間過去，這種行為可能導致空虛感和挫折感。他們往往回顧過去，會納悶自己為何不曾為了自己的夢想而付出。他們可能會覺得，自己浪費了大把的時間和精力，在對他們來說並不真正重要的事物上。但事情是這樣的：確保他人開心，和追求自己的目標——這兩者之間的平衡至關重要。雖然照顧你所愛之人相當重要，但這永遠不該建立在犧牲你個人幸福和願望的代價之上。

要克服這種因為恐懼而討好他人的習慣，你就要學會設下界限，並且表達自己的需求。當你採取措施、確保自己的夢想和目標不會遭到擱置時，你會開始得到一股滿足感跟使命感。你在朝向自己的理想邁進時，還是可以關心、體貼他人。事實上，在你追求目標的同時，你會變成一個更果斷、更有自信的人。你的人際關係還會變得更健康，因為這些關係是建立在互相尊重和彼此了解的基礎上。

所以當你發現自己因為恐懼，落入了討好他人的陷阱時，別忘了，你不必為了別人而犧牲自己的夢想。讓別人開心，還有追求你的目標——在這兩者之間取得平衡，你就能迎來更充實、更令人滿足的生活。

10. 我該怎麼停止拖延？

拖延是一種壞習慣，在短期內會讓你的大腦感到愉悅，但長期來看對你而言沒有幫助。短期來看，不管是線上購物，還是滑社群媒體，都比完成你的工作或待辦事項來得愉快。

你的大腦正在引誘你追求短期內更快樂的事物，包括讓你拖延不有趣的工作，這些久而久之，逐漸成為你的壞習慣。你的目標是消除這個會導致自我毀滅的壞習慣，用一個健康的新習慣取而代之：確認你的10分項目，也就是你要完成的最重要事項，然後每天無論如何都要完成這些10分目標。

記住這點，你的大腦盡可能地在找藉口，讓自己不用進行「多餘」的勞動，它很樂意幫助你拖延。有效打擊這種情況的其中一個方式，就是把你的三十天目標設定得非常具體，包括你哪天開始，還有每天幾點要進行什麼活動。（例如，明天清晨六點開始，每天早上我會坐在我最喜歡的舒適椅上，泡好一杯熱咖啡，準備好我最喜歡的筆跟筆記本，然後花一個半小時的時間寫日記。）

11. 我該怎麼處理有毒的人？

對你來說有毒的部分，不見得是那個人本身，而是你和他之間的互動與關係。在每一段關係和每一次的互動中，你對整體情況都有50%的控制權。

在你生活中每段有毒的關係，或是有毒的互動裡，根據有毒的嚴重程度和對你生活造成的影響，你都有兩個選項可以選擇：你要不果斷設下堅定的界限，就是和對方完全斷絕關係。但你絕對不能選擇什麼呢？放任毒素入侵你的生活。絕對不行。

12. 為什麼我老是累到不行？

你會這麼累，是因為生活中有事情正在榨乾你的體力，你需要做的事情，是停下來想一想。從忙碌緊迫的惡性競爭中停下腳步，為自己騰出幾分鐘，好好思考到底發生了什麼事。問你自己兩個問題。首先，問你自己：是什麼正在榨乾我的體力？是別人？是我缺乏個人界限？還是我讓自己承擔太多責任？你需要用一句話回答出這個問題。

一旦你找出讓自己筋疲力盡的罪魁禍首，就接著問自己第二個問題：我能作出什麼改變，預防這件事繼續發生？我該向外求助嗎？把事情委託給別人？我需要優先考慮照顧自己嗎？還是設下更多界限？

一旦你釐清了自己的狀況，就採取行動。你沒有理由忍受這種感覺，而且永遠都有方法能讓你自己好過一點，只要你停止惡性競爭，仔細思考自己需要做出什麼改變。

13. 為什麼我總是放棄自己決定要做的事情？

你目前累積的成功經驗還不夠，不足以讓你擁有必勝的信心。也有可能你放任了你的大腦妨礙你，因為你的計畫制定得不夠具體，沒有指明你要如何完成目標，也沒有決定這件事對你來說有多重要。別忘了，模糊不清正是通往失敗的道路，具體才是成功的基石。

選擇一個微小具體的目標，制定一個計畫，確認這件事對你有多重要。接著在所有可能的電子設備裡，都設定好提醒功能。你需要三十天的時間來建立一個習慣，如果搞砸了，就從頭來過。一旦你達成了第一個目標，你就會發現自己漸漸有了能實現第二、第三個目標的自信。

14. 我要怎麼變得更積極正向？

人的思想之所以會消極，都是因為負面偏見的緣故。你可以在睡前或剛起床時，練習舉出五件生活中值得感謝的事物，藉此訓練自己的大腦。當你訓練自己的大腦感謝生命中的美好事物時（生命中總是存在美好的事物，你只是需要更細心尋找），它就會釋放讓你快樂的化學物質——多巴胺和血清素。它們會反過來改善你的心情，幫助你培養更正面的心態。

每天早上或晚上，重複練習舉出三件好事，就能把感恩變成一種習慣。接著把那種習慣和心態，轉變成你人格特質的一部分，融入你的思維、感受，和你的處事方法。

除此之外，記得每當你產生一個負面想法，就需要三個正面想法來抵消。所以當你看到或聽到什麼東西，讓你心情變得非常低落，就馬上找出三個正面想法來抵消。你也可以使用同樣的方法，幫助你的朋友、家人和同事。真心的讚美會使你們雙方都感到快樂，並為你們的生活注入更多正面能量。

15. 為什麼想要做出改變，就一定要克服過勞的問題？

如果你想改變生活，那麼克服過勞的問題對你來說就很重要，原因如下。

首先，想像你有一顆內含精神能量和情緒能量的電池，這顆電池確保你能運轉下去。當這顆電池電力耗盡時，你就會感到疲憊、倦怠、頭腦混亂，就好像你的精神能量耗盡了。當你處於這種狀態，你就很難保持生產力和工作效率。

現在，棘手的地方在於，當你深陷過勞時，你可能根本不會意識到自己的處境。勞累本身就會讓你看不清自己有多疲憊，你不斷鞭策自己，試圖趕上進度，但這只讓事情變得更糟。所以當你試著改變自己的生活，不管是培養新的習慣，或是進行一項重大轉變時，你的精神能量都是關鍵。你需要精神燃料來作出決策、保持專注，然後採取行動。

對抗過勞就像幫自己的精神電池充電，能為你補給新的能量與動力。當你不處於過勞狀態，你就比較有可能待在正確的航道，保持更高的工作效率。你會對自己的目標更有熱情，更有信心能完成這些目標。

想像你在油箱近乎全空的狀態下開車，車子會劈啪作響、慢慢減速，最後完全停下來。這就像你在體力耗盡的情況下，還試著作出改變的模樣。你的能量不足，無法維持你需要的動力。

打擊過勞就像幫你的油箱加滿油，這樣你就有繼續向前的能量和動力。

你會取得進展，感覺改變本身不再那麼艱難。這種精神能量的補充，對於保持正軌和達成目標來說非常重要。

所以當你正努力改變人生時，要記得克服過勞這件事有多重要。它可以確保你的油箱有充足的燃料，讓你能夠懷抱熱情，充滿效率地駛向自己的目標。只要將你的精神電池重新充飽電，你就能改善自己的狀況，採取必要的步驟，好為你的生活帶來有意義的改變。

16. 我該怎麼擺脫壞習慣？

你可能聽說過舊習難改，這是有原因的。壞習慣就像根深柢固的行為模式，牢牢攀附在你的大腦之中，你沒辦法輕易地移除，因為它們早已成為你神經傳導路徑的一部分。不過好消息是，你可以取代它們。

要對抗一個壞習慣，你就必須開始重新調整自己的大腦，這代表你要採取一個更健康的新習慣，藉此建造一條替換用的神經傳導路徑。把這個新的習慣，想像成在開闢一條貫穿茂密森林的小徑，起初你可能開路開得很辛苦，但是經過堅持不懈的努力，你開始開闢出一條道路。

改變習慣的成功關鍵在於反覆嘗試，你重複練習新的習慣越多次，這條神經傳導路徑就變得越穩固。就好像你在拓寬那條森林小徑，你每踏過一次，它就變得更結實、更好走。與此同時，你想拋下的舊習慣變得雜草叢生，失去了吸引力。

你的大腦是一台高效率的機器，總是尋覓著阻礙最少的道路。當你持續重複新的習慣時，這個習慣會漸漸變成大腦的預設選項。這是一個強大的轉變。隨著時間過去，你的大腦不會再本能地選擇舊的習慣，而是自然而然，往更健康的新習慣靠近。

請把這想成是：在幫大腦重寫一個自動導航模式的程式。你有意識地作出新的選擇，把不吸引人的舊習慣淘汰掉，用積極正面的全新習慣取而代之。然後透過持續不斷的反覆練習，你就為自己的大腦設定好了新的預設模式。

儘管你不能消除壞習慣，但你絕對可以把它覆蓋掉。採取一個新的習慣，反覆強化它，你就能建立一條替代用的神經傳導路徑，藉此取代舊的習慣。這個過程會重塑大腦的運作方式，讓新的習慣成為預設選項，並且把舊的習慣拋諸腦後。

17. 我該怎麼做，才不會再作出錯誤的決定？

有時候你沒多想，就作出了糟糕的決定，因為你的大腦會進入自動導航模式，尤其是在你感到疲憊，或注意力不太集中的時候。要作出更好的決定，你就需要開始更有自我意識，意思是花點時間認真思考你的選擇。而且很重要的是，你要在大腦處於最佳狀態的正確時機這麼做。

挑選正確時間來下決策很重要，你可以把它想成是在選擇完成一項任務的最佳時機。很多人覺得在早上，剛睡了一夜好覺或喝了咖啡之後，自己的思緒最為清晰，理解能力最好。在這段時間作決定，通常會帶來更好的結果，因為你的決策能力得到了突顯，向你顯示出最佳的選項。

隨著日子一天天過去，你不必多想就可以作出小一點的決定，因為在你經歷完早晨的洶湧激流後，此時的小決定就好比航行在平靜的水面上。不過如果要下重要決策，最好還是選頭腦最清醒的正確時機，這可以幫助你作出更好的決定，增加你成功的機會。

所以別再不假思索就作出錯誤決定了，試著在你大腦運作效能的巔峰時期，有意識地去作選擇。對很多人來說，就是早上喝完咖啡到中午前的這段時間。當你挑選了正確時間，經過深思熟慮再下決定，你就能作出更好的選擇，為你的人生帶來正面的影響。

18. 我該怎麼做，才不會再說出事後讓自己後悔的話？

遵守「二十分鐘原則」。當你覺得自己快要情緒失控時，不管你在跟誰交談，都告訴他們，你需要花點時間思考他們說的話。離開那個空間，去某個能讓你冷靜下來的地方。呼吸一點新鮮空氣，喝點茶或水，接著至少等待二十分鐘，讓你大腦更理性的區域接管大局，然後再重新開始。

19. 我要怎麼在不吵架的情況下，設下個人界限？

你需要在你冷靜的時候設定界限。用你最平靜的聲音，聲明你的界限在哪裡，不管發生了什麼事，其他人說或做了什麼，都不要失去你的冷靜。為任何可能的反應做好準備，然後不要動搖，清楚表達需求，站穩你的立場。事後也不要退縮，會有人試探你的界限，而你不能妥協。

20. 持之以恆的秘訣是什麼？

持之以恆的秘訣在於，在每天或每週的同個時間，反覆去做同件事情。你需要具體詳細地設定自己要做什麼、什麼時候、在哪裡做，還有怎麼做。你講得越具體，大腦嘗試擺脫這個計畫的餘地就越小。

為了對自己負責，你可以使用電子產品的提醒功能。例如，在你的手機、筆電，或任何其他你看得到的地方，設置一個提醒通知，讓它們在每天早上六點，一起跳出來叫你上健身房。然後每天晚上八點，再讓那些電子產品提醒你，列出一張隔天的待辦事項清單。科技是你的好朋友，你可以在規劃養成新的習慣時，充分利用它。

21. 什麼時候是做出改變的正確時機？

就是現在。永遠都不會有正確時機，請先邁出你的第一步。

22. 為什麼我拒絕別人的時候，心裡會有罪惡感？

你之所以感到內疚，原因在於你的行為是出自恐懼，你害怕自己如果不討好別人，他們就會排斥你。但實際上，如果你拒絕的對象是個通情達理的人（有時候就算對方不講理），他都會尊重你的界限，尤其是當你清楚（Clear）、冷靜（Calm）地堅持（Consistent）了自己的立場，這就是可以心安理得地成功拒絕他人的「3C」原則。

別忘了，只有在你能照顧自己、滿足自己需求的時候，你才有辦法幫助別人。如果你以犧牲自己的9、10分等級要務為代價，把世界上所有的2、3分等級瑣事都攬到自己身上，這只會孕育怨恨、導致過勞，並且阻止你完成自己的目標。

23. 我要怎麼更有自信？

找到你的目標，釐清你最想要的是什麼，專注在你的10分事項，為接下來的三十天制定一個超級詳細的計畫，然後採取行動。這會起作用。接著你再做一次，又會產生效果。慢慢地，你就累積了成功經驗。成功會孕育出自信。

24. 我該怎麼做，才不會再對特定人事物做出情緒化的反應？

使用「二十分鐘原則」。提醒你自己，之所以會情緒失控，是因為你的杏仁核奪走了主導權。你需要讓自己抽離情境，去做些能讓自己冷靜二十分鐘的事情，給你大腦更理性的區域一個機會，讓它重掌大局，防止你情緒失控。

25. 我要怎麼得到其他人的支持？

先從支持他們開始，使用「鏡像原則」。如果你希望別人喜歡你，對你感興趣，然後支持你，那你就要對他們表達出真心的喜歡、興趣和支持。不要講空泛的話，要真誠。讓人們知道你欣賞他們哪裡，你看到他們有什麼優點。

在你生活中，可能還是有一些人永遠不會公開支持你。你要坦然接受這個事實，明白背後的原因不見得在你身上，而是和他們自己的恐懼跟不安全感有關。

26. 我要怎麼避免自己老是分心？

要讓自己不要一直分心，你就必須學會掌控你的時間和注意力，還有明白這是通往成功的關鍵秘訣。把你的時間和注意力想像成珍貴的財富、寶貴的資源，可以推動你實現目標，也可能在外界干擾的持續阻礙下白白浪費掉。這些干擾，像是電腦上討人厭的彈跳視窗，或是工作中途無預警響起的友人來電，你可以把它想成狡猾的小偷，試圖盜走你寶貴的財富。為了在它們的魔掌之下保護好你的財寶，你需要建立自己的界限。

仔細思考，你在日常生活中面臨著哪些干擾。可能是電腦或手機上響不停的通知，讓你一直從手上的任務分心；也許是接連不斷的信件、社群媒體的更新，讓你無法專注在自己的工作或課業上；或者是親朋好友出於好意，突然拜訪或來電，在你最需要專心的時候打斷了你的注意力。

一個能有效保護你的時間和注意力的方法，就是建立具體的界限。把這些界限想成防護柵欄，包圍著你的金銀財寶。例如，你可以規劃一個時間表，幫工作、念書，或任何其他重要事項，分配具體的處理時間。在這段專注的時間內，你可以刻意關掉電腦和手機的通知，把你查看通知的誘惑降到最低。把你規劃的工作時間告知給你的親朋好友，讓他們知道最好什麼時間聯絡你，什麼時間不要打擾你專心。這樣一來，你就創造出了秩序分明的環境，可以避免干擾，節省時間跟精力，把它們通通留給對你來說真正重要的活動。

在你利用這些界限，保護好你的時間和注意力的同時，你會發現自己在追求目標的過程中，變得更有效率、生產力更高。成功往往取決於你專注在目標的能力。在這趟旅程中，保護自己的時間和注意力也是一大要點。意識到這點很重要：設定界限並非自私的行為，而是能幫助自己達成目標的聰明策略。只要守護好你的時間和注意力，你就往成功的終點邁出了重要的一步。

27. 為什麼其他人這麼難相處？

人們常常感到奇怪，不明白為什麼某些人就是很難搞。但有時候難搞的不見得是那些人本身，而是我們和他們之間的互動關係。每個人都像一塊獨一無二的拼圖，有時候拼圖和拼圖之間，就是無法順利合在一起。但是記住這點：事情往往比表面上看到的更複雜。

和不太好相處的人相處，就像在波濤洶湧的水域航海，旅途顛簸難行。在這種情況下，要考慮到別人可能正在經歷一段艱難的時期——這點很重要。他們可能面臨龐大壓力，家裡有狀況，或者焦頭爛額、已經過勞。就像你有自己的挑戰和難處一樣，其他人也有他們自己的。你可能看不到，但水面下往往隱藏了更多真相。

把其他人想像成冰山。你看到的表面，只是他們的冰山一角，在那之下，還有充滿內心情緒、個人經歷和不同遭遇的一整個世界。所以當某人顯得很難相處時，要記住，你可能不知道對方故事的全貌。他可能正經歷著某種個人掙扎，影響了他和別人的互動關係。處理這種狀況時，保持諒解和同理心，你就能更優雅、耐心地渡過這片波濤起伏的水域。問題常常不在於某些人難相處，而是互動關係的複雜性，還有對方可能正面臨你看不見的困境。

28. 我該怎麼面對拒絕？

面對拒絕，可能是我們生活中最困難的挑戰之一。當你得不到自己想要的回應時，自然會感到受傷、失望，有時候甚至心灰意冷。但是記住這點很重要：被人拒絕是一種很普遍的經歷，就算是世界上最成功的人，也在通往目標的旅途中，經歷過數不清的拒絕。所以當你因為被人拒絕而苦惱時，別往心裡去，你要專注在自己的目標上，用恆心和毅力撐下去。把你的視線集中在終點線上，然後記住，每一次的拒絕，都是你走向成功的墊腳石。

面對他人的拒絕，是一個重要的生活技能，就好像在學游泳或騎腳踏車一樣。起初你會跌跌撞撞，從車上摔下來，或是很想放棄，但經過練習和堅持，你會取得進步。如果放眼望去，看向整個人生，遭到拒絕就是一個寶貴的教訓，可以帶來個人成長與發展。把它想成一個嚴格的教練，督促著你變成更好的人。

阿爾伯特．愛因斯坦（Albert Einstein）在物理學的創新成就廣為人知。但你知道嗎？他還是年輕科學家的時候，也找不到工作，他遭受了一次又一次的拒絕。想像一下，如果他在第一次遇到困難時就放棄，那會怎麼樣！但相反地，他堅持了下來，繼續努力研究他的理論。最終，他的相對論為物理學領域帶來了革命性的改變。

這就是恆心毅力和成長型心態的重要性，不要沉溺於被人拒絕的事實，要把它視為一種回饋。問問你自己：「我能從這次經驗中學到什麼？」反思自己有什麼改善空間，是你的技術、方法，還是策略？當你以成長型心態面對他人的拒絕時，你就是在把它當作墊腳石，讓自己變得更好。

別忘了，你被拒絕的原因不在於你個人，而和特定情況、環境，或背景有關。你被拒絕的事實，不能說明你個人的價值或能力，當你開始從這種角度看待別人的拒絕時，就比較容易擺脫信心不足或自我懷疑的感受。

29. 當情況對我不公平時，我該怎麼做？

當人生待你不公時，它可能看起來阻礙重重，讓你灰心喪志。你可能會納悶，為什麼事情就是不照著你的期望發展，而且你很難處理這種情緒。但是當你遭遇不公時，有一些有建設性的方法，可以幫你處理這種情況。這種時候，正是你停下腳步、進行反思的完美時機。

這個反思的時刻，有助於你取得全新觀點。你要試著去理解，為什麼你會感到不公平？是因為有人得到你想要的機會？或可能你遭遇了意想不到的挫折？仔細檢視現況，你就可以從自己的不公平感背後，找出導致這種感受的具體原因。

現在是時候專注在你能掌握的事物上。就好像開車一樣，你控制不了天氣，但你可以掌握自己的應對方式。當人生看似不公平時，專心思考你能影響哪些方面。你可能要設定容易達成的目標，或採取多個小步驟，藉此改善你的處境。透過採取行動，還有專注在你能改變的事物上，你就能找回自主獨立的掌控感。

別忘了開始專注在正面的想法上，花點時間背誦你的咒語，或列出今天讓你感恩的五件事情。

除此之外，你可以考慮多練習感恩，就像細數自己受到了哪些祝福。就算你覺得不公平，還是花點時間，想想自己生活中正面的部分。把你的注意力放到美好的事物上，就可以改變你的心態，提升你整體的幸福感。感恩的心可以幫助你體悟到這件事：就算在艱辛的時刻，你還是有理由去珍惜自己擁有的一切。

另外，記住人生不總是公平的，但充滿了學習和成長的機會。挑戰和挫折可以是一所學校，教導你寶貴的經驗，加強你的韌性。如果你能以成長型心態，好好面對不公平的處境，你就可以把它們視為發展新技能或新能力的大好機會。

30. 為什麼常常不是我的錯，我還是會道歉？

不是自己的錯還道歉，這是一種很常見的人類反應，我們常常會想維持人際關係的和諧，還有避免衝突。有時候道歉是一種維持和平的方法，就像伸出一根橄欖枝，彌補意見不合或誤會所導致的隔閡；有時候道歉也是緩解緊繃和不適的手段，能在嚴肅的場合點綴一點幽默，讓氣氛輕鬆一點。你可能試圖用道歉的方式，來緩和當下出現的任何尷尬或負面情緒。這可以當作一種情緒上的緊急處理，讓所有參與其中的人感覺舒服一點。

明明不是你的錯，你卻道歉的另一個原因，可能在於同理心。當你說你很抱歉時，你就是在認可對方的感受，就像耐心傾聽完對方的心聲，對他說：「我明白你有多難過，我就在這裡陪你。」這種方式的道歉，是一種認可別人的情緒，向對方表達關心的方法。

不過，雖然了解這些道歉原因很重要，但是認知到錯不在你的情況下，什麼時候該道歉，什麼時候不該道歉——這件事也一樣重要。在某些情況下，表達歉意是維持和諧跟表達同情的正確選項。但是，找到平衡，避免過度道歉也很重要，因為這可能會導致誤會，或讓你覺得自己承擔了不必要的責怪。關鍵在於對道歉時機有所意識，並且知道什麼時候該堅持立場，明白道歉並不總是代表承認錯誤。

所以下次當你有道歉的衝動時，花點時間思考自己為什麼想這麼做，想想在這個情境下，道歉是不是正確的選擇。確保自己之所以在沒有犯錯的情況下道歉，原因不是為了討好他人，或者掩蓋某些急需處理的重要問題，這些是你需要擔心的重點。

31. 我要怎麼讓別人尊重我？

想要贏得他人的尊重，必須從尊重自己做起，就像為了蓋房子而建立起穩固的地基，這是建造其他任何東西的基礎。以下是三個關鍵範例，說明尊重自己，會如何為他人的尊重鋪路。

首先，設定界限至關重要。當你為自己建立明確界限的同時，你就向他人表達了你能接受和不能接受的互動關係。比方說，如果你很注重自己的私人時間和空間，你可以友善但堅定地告訴其他人，你需要一點獨處的時間，藉此設下自己的界限。你始終如一地遵守自己的界限，就是在展現自我價值和自我尊重。這種行為會清楚地表明，你高度重視自己的原則，其他人就更有可能跟隨你，尊重你設下的界限。

再來，培養自我關愛很重要。把你的內在自我想像成一個朋友，就像你會對自己的朋友友善、支持一樣，你也要用同樣的關愛對待你自己。承認你自己的成就與不足，然後明白你有時候會犯錯的事實；對你自己表達關愛，你就會加強自己的自尊和自我價值。當你愛著自己、尊重自己時，其他人就更有可能做到一樣的事。

最後，你對自己和別人講話的方式，會對人們怎麼看待你、尊重你，產生巨大的影響。這就像一面鏡子，向世界反映出你的自我形象，只要你的言詞夠果斷自信，你就有辦法在尊重他人想法和感受的同時，表達自己的想法和感受。這樣一來，人們就更有可能以尊重的態度回應你，因為他們從你的言行舉止中看到了尊重。

在你尊重自己的同時，往往會傳達出一個強而有力的訊息——你值得受到尊重。這通常會導向更尊重彼此的互動關係。

32. 我該怎麼處理不尊重我的人呢？

尊重是健康的人際關係和往來互動的基礎。當某人第一次對你表現出不尊重時，你就要設下界限，讓對方知道他已經越線了，而你不會容忍這種行為。這件事非常重要，因為若是你不處理對你不尊重的行為，類似的情況就有機會反覆發生，甚至很可能變本加厲。接下來，我們要詳細探討如何處理別人對你的不尊重，還有如何維持自我尊重。

第一步是當不尊重的行為出現時，你要看得出來，要對危險信號有所警覺。不尊重的型態有很多種，可以是粗魯的評論、貶低的言語，或對你的感受和界限的忽視。當你注意到這裡面任何一種行為時，不要對它置之不理，或視為正常現象，要明白你值得受到尊重，而這些舉動是無法容忍的。

第二步是設立明確界限。當有人不尊重你，跨越你的界限時，你必須讓對方知道這點。你可以說「我不喜歡別人這樣跟我說話」，或是「對我來說互相尊重很重要」。當你堅定自己的界限，你就是在傳遞一個強烈的訊息：你不會容忍不尊重你的行為。

第三步是表達你的感受。主動開啟對話，讓對方知道他不敬的言行舉止，為你帶來什麼感受。冷靜但堅定地表達你的情緒。例如，你可以說：「你這樣跟我講話，會讓我感到很受傷，還覺得不被尊重。」分享你的感受，有助於對方理解他的行為會對你造成什麼影響。

第四步是堅持原則。就像永遠不該讓人跨越你的界限一樣，對你不尊重的後果也該保持一致。當你設定界限，讓對方知道你無法容忍他的行為時，你就要準備好落實自己設下的後果。這種貫徹到底的一致性很重要，會顯示出你對於維護自尊這件事有多認真。不要放任不尊重的行為而不去處理，因為這可能會導致更嚴重的問題，影響你的自我尊重。為你自己挺身而出，也為健康和互相尊重的人際關係定下基調。

33. 為什麼我覺得自己不如人？

這種看法往往源於自信的缺乏。真相是，認為別人比自己好，這是主觀想法，而非現實。

與別人相比之下，你如何看待自己——自信心在這裡扮演著很重要的角色，而你對此需要有所認知。這就好像透過模糊的鏡片看著自己一樣。當你缺乏自信時，你的自我認知就會變得扭曲，你可能會專注在自己的缺點和不足，低估了自己的優點和成就。要開始改變這種想法，你就需要努力建立自信。

建立自信就像是幫房子打造穩固的地基，包括認識你的強項，設定容易完成的目標，還有不管看似有多微小，都為自己的成功好好慶祝。當你把注意力集中在你的成就上，並且欣賞你的個人特質時，你就會開始看清自己的價值。

每個人都有自己獨一無二的特質、經驗和挑戰。就好像拿蘋果跟柳丁比較一樣，每個人都有自己的路要走，不會有兩段旅程長得一模一樣。你所看到的表面，並不會反映出別人故事的全貌，所以當你覺得別人比較優秀時，記得提醒自己：你只看到了他們人生故事的一部分而已。

除此之外，別忘記，自我價值不是透過與他人比較來決定的。你不會單看一道浪的高度，就測出大海有多深，你的價值與生俱來，並不取決於和別人之間的比較。就像你會欣賞不同藝術品各自的獨特之美一樣，欣賞並肯定你自己的本質也很重要。

34. 我現在還來得及做出改變嗎？

你可能會想知道，是不是在任何年紀，都有可能做出改變，奪回人生的主導權。答案是大聲肯定的「對」！年齡只是一個數字，永遠都不該限制你個人成長和蛻變的潛能。很多名人都證明了這一點，在人生中的不同階段，完成了巨大的改變和成就。

看看哈蘭德．桑德斯（Harland Sanders），肯德基的創辦人，他一直到六十多歲才取得了巨大的成功。在許多人考慮退休的年紀，他決定追隨他對烹飪的熱情，開始販賣他的招牌炸雞。他的努力和毅力得到了回報，如今肯德基成了世界上最有名的速食連鎖店之一。

另一個了不起的例子是王薇薇（Vera Wang），著名的時尚設計師。她一直到四十歲才開始投身時尚產業。在那之前，她是名出色的花式滑冰選手和時尚雜誌編輯。但是她決定轉換跑道，追求她對時尚設計的熱情。她的決心和創意，引領她成為知名的設計師，設計出妝點了全世界新娘子的美麗婚紗。

蘿拉．英格斯．懷德（Laura Ingalls Wilder），大受好評的《小木屋》（*Little House*）系列作者，一直到六十多歲才出版了她的第一本書。她的文字栩栩如生地描述了自己在美國邊境的成長經歷。這些書成了經典之作，持續擄獲讀者的心，還證明了年齡並非阻礙，無法阻止你分享自己的故事，發揮重要的影響力。

訊息很明確：想要做出改變，重新掌控自己的人生，永遠都不嫌晚。這些人在達成了不起的成就，對世界帶來深遠影響的時候，通通都過了很多人覺得「來不及」開始新事物的年紀。

你隨時都可以改變自己的人生。不管你決定何時開啟你的旅程，只要懷抱決心、熱情，努力去做，你就可以取得非凡的成就，讓世界有所改變。年齡只是一個數字，而你的夢想和志向不受時間限制。

35. 如果我的家人或伴侶不支持我怎麼辦？

如果你的家人或伴侶不支持你，那你無可避免會遭到毀滅性的打擊。記住，雖然我們往往會被最常相處的人影響心態，雖然你可能無法立刻遠離你的家人，但你可以努力多和支持你的人待在一起。

去尋找相信你，也相信你的目標的朋友、導師或其他家庭成員，這些人可以提供你鼓勵、建議，還能聽你傾訴。他們的支持可以幫助你，讓你儘管得不到家人或伴侶的支持，依然能保有動力，專心朝著你的目標前進。

記住，缺少家人或伴侶的支持，並不代表你的價值或達成目標的能力就會降低。你的夢想很重要，就算你必須向外尋求支持，追求你的夢想還是很重要，多和相信你的人相處，這樣就能獲得克服挑戰與阻礙所需的正面能量。

有時候，人們也可能因為誤解或不了解你的目標，因此出現不支持你的反應。用冷靜的方式，好好表達你的熱情和決心，你就有可能消除彼此之間的隔閡，逐漸得到對方的理解與支持。

不過，要是你再怎麼努力，你的家人或伴侶都還是不支持你，你就有必要繼續專注在目標上，還有從別的來源尋求支持。這就好像儘管逆著風，你還是將船駛向一個明確的目的地。相信你自己，也相信你的能力。記住，你的夢想是有價值的，而你擁有讓美夢成真的力量。

成為你自己的啦啦隊。別忘記，對你自己正向肯定，提醒你自己過去的勝利經驗，就算只是看幾張讓你感覺良好的照片，都能幫助你抵消在家裡可能產生的任何負面情緒。另外，如果你因為和人起衝突而情緒低落，就使用二十分鐘原則，將自己從那個情境抽離，直到你能冷靜回到事發現場。

36. 怎麼應對非我所願、也非計畫中的巨大改變，而不至於被壓垮或崩潰？

首先，你要允許自己做個「人類」。你本來就不會有無窮無盡的精力。你本來就不可能每天早上醒來，都頭腦清晰又動力滿滿。改變很難，尤其是在你毫無防備的時候。即使最後結果是好的，那也不容易。如果你逼迫自己做到完美無缺，那你反而是在為自己的崩潰鋪路。

大多數人都要等到事情慢下來，才肯好好照顧自己。這是個錯誤。你不會等到完全脫水才去喝水，那你也不該等到體力徹底耗盡，才來開始保護你的精力。你在混亂之中就要懂得照顧好自己，而不是等著混亂結束才去做，也不是等到你覺得自己終於「值得」了才開始。自我照顧不是獎勵，而是一種必需品，尤其是在你努力面對艱難變化的時候。

你的大腦需要空間來重置，你的神經系統需要休息，而你的自我意識需要受到保護，遠離外界的所有噪音。這就是為什麼我這麼推崇每天的「三十分鐘魔法」：一段不可妥協、屬於你自己的個人時間；沒有電子郵件；沒有一心多用；只是去散個步；一段安靜的時光；一個喘息的機會。如果你的大腦試圖告訴你，這是自私、懶惰或浪費時間的行為呢？那就提醒自己：你不是機器。

事實上，多數人之所以這麼辛苦，是因為他們都太努力了，卻沒有給自己恢復的空間。每天把自己逼到極限，並不會讓你成長。你需要腳踏實地，騰出空間去感受、消化和呼吸，這樣才能成長。用你對待他人的同等耐心和關懷來對待自己，你才會真正成長。

所以，無論你正面臨工作、家庭或心境上的重大轉變，都要提醒自己：你是可以休息的。你可以感到疲憊，你可以不必做到盡善盡美。這並不代表你軟弱，這只代表你是個人類。而你越能接納這一點，你就會變得越強大。

37. 我該怎麼處理對其他人的嫉妒心態？

嫉妒他人是一種很正常的人類情緒，每個人或多或少都體驗過這種心情。關鍵在於，將這份嫉妒轉化為個人成長的正面動力。事實上，認知到自己的嫉妒，把嫉妒接納成自己的動力，可以帶來顯著的自我成長。

搞清楚究竟是什麼引發了你的嫉妒。是某人的成就、財富，還是人際關係？一旦你找出了明確的源頭，你就會更清楚自己的目標和抱負。這種洞察力可以成為你自我提升之旅的基礎。

現在，不要讓嫉妒心吞噬你，而要將它用作一股強勁的動力，把困難的阻礙轉化成個人成長的墊腳石。當你對某人的成功感到嫉妒時，讓這股嫉妒啟發你，推動你設下自己的目標，並且努力不懈地達成。如果你妥善控制，嫉妒心就可以成為自我提升的催化劑。

除此之外，把感恩當作你策略的一部分，它可以讓你內心充滿正面能量。花點時間回顧你這一路上取得的獨特成就，專注在你自己的進步和遇到的好事上，你就能改變自己的想法，減少嫉妒對你的幸福造成的影響。

別忘了，每個人的旅程都是獨一無二的，而互相比較往往會產生誤導。

就好像拿蘋果跟柳丁比較一樣，每個人都有自己的經歷和挑戰，你看到的表面，並不足以代表某人生活的全貌。不要嫉妒別人，而要從別人的旅程中得到激勵，把它當作參考點，推動自己向前更進一步。

另外，也可以考慮把嫉妒心變成和自己的良性競爭。你所能參與最好、最健康的競爭，就是和你過去的成就進行比較。努力超越過去的自己，設下更高的標準，然後不斷拉高個人成長的目標。如此一來，你就可以把嫉妒心轉化成有用的力量，藉此激勵你提升自我。

38. 我可以懷抱遠大的夢想嗎？

懷抱遠大的夢想是很棒的事情。事實上，它還可能是讓人生變得充實、有意義的關鍵。當你允許自己的想像力展翅高飛，設下充滿野心的目標時，你就開啟了一扇大門，這扇門通往個人成長，還有數不盡的機會。這就是為什麼，你不僅僅是「可以」，甚至「必須」懷抱遠大的夢想。

當你擁有遠大的夢想，你就會激起自己的熱情和決心。這些夢想會成為強大的驅動力，在背後支持著你的行動，激勵你為了取得成功而更加努力。

你的夢想為你提供了一張路線圖，指引你在自己的旅途中，走向自我探索和成就的道路。

此外，遠大的夢想還能讓你突破自我設限，擺脫束縛著你的重重枷鎖。當你敢於超越自己的舒適圈，懷抱遠大夢想時，你就是在挑戰自己對於可能性的信念。這個延伸想像力，追求遠大抱負的過程，可以帶你走向個人蛻變。你因此學會了擁抱不確定性，承擔有計畫的風險，並且在面對挫折時，變得更有毅力。

懷有遠大夢想的人，同時還能激勵他人，就像一根點燃的蠟燭，自己能再點亮成千上萬支燭火。當人們看到你的滿腔熱情，看到你拚命追逐夢想，他們自己也會得到動力，起身追求自己的抱負。

不要裹足不前，讓你的想像力盡情奔馳，充滿熱情、決心地去追求夢想。連無邊無際的天空都不是你的極限，而是你實現夢想的起點。

39. 我該怎麼避免說出讓自己後悔的話？

就像我們先前討論的那樣，採用二十分鐘原則很重要。當你感覺自己開始失去理智時（你知道這是什麼感覺），將你自己抽離現場就很重要。讓對方知道你需要一點時間消化他說的話，或是其他類似的說法都可以。

將你自己抽離那個情境後，去某個你可以冷靜下來的地方，讓你大腦中更理智的區域，有機會從「戰逃區域」[12]手中奪回主導權。做一些緩和情緒的事情，像是喝杯茶，或散散步，呼吸新鮮空氣。你的大腦最少需要二十分鐘的時間，才能恢復到讓你可以重返現場的狀態。

這樣有助於設下防護措施，防止你在衝動之下發表傷人的言論。當你遇到某個情況，引發了你的憤怒、沮喪，或任何強烈的情緒時，至少等二十分鐘後再做回應。在這二十分鐘內，好好消化你的感受，就像保持安全距離地審視一場暴風雨。問問你自己，為什麼你會有這種感受？是什麼東西引發了這種情緒？反思你的話語或行為，想想這些可能會帶來什麼潛在後果。這種自我反省有助於你釐清思緒，做出更深思熟慮的回應。

此外，還要思考你說的言語，會對對方造成什麼影響。就好像從正反兩面觀察暴風雨一樣。你說的話對情況有幫助，還是會讓情況惡化？只要理解對方的觀點，你就能斟酌出更貼心、更有建設性的回應。

二十分鐘的等待時間過去後，你已經準備得更加周全，能夠用更冷靜、更有分寸的方式回應對方。把這想成是你帶著計畫重返暴風雨。你的情緒已經緩和下來，讓你有辦法進行更有效率的溝通，專注在手頭的問題上，而不是在激烈情緒下做出衝動反應。

40. 我怎麼知道我為自己挑選的是正確的目標？

為自己選擇正確的目標，有時候就好像在迷宮行走一樣。你需要確保你的目標與自己的價值觀和渴望一致，因為追求錯誤的目標，可能會導致你內心不滿足。不過「0－10原則」可以簡單、快速地釐清你的想法，幫助你在幾分鐘內作出正確的選擇。讓我們來深入探討這條法則的運作方式，研究為什麼你的直覺往往比你混亂的腦袋更了解狀況。

在這本書裡，我們談到了0－10原則，說這是一種快速、直觀的方法，用來評估你的目標與渴望，也是指引你正確方向的羅盤。不管是設定新的目

12 fight-or-flight part，主要指的就是杏仁核（Amygdala），它負責在危險時刻迅速啟動身體的警報系統。

標，或者重新評估舊的目標，只要當你面臨抉擇時，就花點時間思考這件事的0－10排序。

首先在腦海描繪一下你正在考慮的目標或選項，再來問問你自己，用0到10來評分，你對此有幾分的興奮和熱情，0分表示毫無熱情，10分代表你最興奮。這種簡單的自我評估行為，能讓你了解自己立即的情緒反應。如果你把某個目標評為9或10分，這就是目標和你的價值觀跟熱情高度相符的強烈訊號。這種程度的興奮代表你正走在正軌上。追求這樣的目標，很有可能會為你帶來喜悅和滿足感。

另一方面，如果某個目標被你打了6分以下的分數，就代表你可能會想重新考慮你的方向。這種分數顯示了，你的心願不完全在此，你可能不會以最有意義的方式，將你的時間、精力投入其中。這是一個很有價值的提示，暗示你要去探索能帶給你更強烈使命感的其他選項。

41. 為什麼我沒有動力？

如果你感到沒有動力，那你需要知道這件事情：你會缺乏動力，可能是因為你現在專注的目標，對你來說不是真正重要的事。這就好像拿濕透的木頭生火；火星可能會飛濺，但是點不著火焰。那解決辦法呢？停下腳步，問問自己：「我真正想要的是什麼？」

重新點燃動力的第一步在於自我反省，照亮你的內心渴望。花點時間反思，什麼對你來說才是真正重要？什麼目標或活動，能讓你充滿興奮、心跳加速？這些事物才更有可能點燃你的動力。使用0－10原則，來幫你對特定目標產生的熱情評分——這正是我們整本書都在討論的重點。

缺乏動力也有可能是因為，你在和大腦的戰鬥中落敗了。為了確保你能夠應對一切（不管你有沒有動力），你需要具體設定自己要做什麼事，還有做那件事的方法、時間和地點。一旦你開始努力堅持，並且累積了一些勝利時，你會發現就算是在沒有動力的日子裡，你也越來越容易堅守自己的目標。

不要低估微小步驟的影響力，這就好像在造階梯一樣，每一階都帶領著你往目的地更進一步。有時候，你之所以缺乏動力，是因為目標龐大到你難以承受。這時候，就要將你的10分項目分解成更好處理的多個小任務，然後一小步、一小步地完成它們。在你完成這些階段的同時，你就會獲得成就感與衝勁，進而激發你的動力。

在正面積極和自我關愛的環境裡，動力也會蓬勃發展，請想像成你是在培育一株植物，需要給予它關愛和支持。你要避免自我批評跟負面的自我對話，反過來善待自己，並且認可自己的努力，不管這些努力看似多麼微小。然後為自己的進步好好慶祝，這樣你的動力就會提升。

別忘記，在必要的時候調整方向沒有關係，就好像在高速公路變換車道一樣，你只是因應當下交通路況做出改變。假如你發現自己不管怎麼努力，都還是缺乏動力，那就可能是你需要重新評估目標的警訊。這不代表你放棄了，這代表你懂得適應情況，選擇更符合你熱情和價值觀的道路。

42. 我該怎麼激勵自己克服恐懼？

恐懼是所有人時不時會經歷的感受，但重點在這：你不必讓恐懼扯你後腿。你可以自己選擇處理恐懼的方式，而這個選擇可能會影響你的未來。你真的想讓恐懼主宰你的人生嗎？感到恐懼絕對是正常的，這是在你面對挑戰或新的事物時，提醒你要小心的警訊。

你的大腦把未知的新事物視為潛在危險，因此做出傳遞恐懼信號的反應。這是一種警告方式，告訴你它不曉得接下來會發生什麼事，你肯定已經偏離了一貫的路線，正在開闢新的道路。你正站在十字路口——一條路通往被恐懼主宰的未來，你即將錯失許多美好的機會；另一條路的你承認恐懼的存在，但不讓它控制你。你真正想走向的是哪種未來？當你去思考自己作出的決定，會帶來什麼長遠的影響，你就能推動自己直面恐懼。

如果你想克服恐懼，那就從設定明確的目標開始，為你的旅程制定一個計畫。當你曉得自己要前往哪裡，知道如何抵達時，恐懼就會變成你克服得了的挑戰，而不是阻攔你的障礙。一步一步慢慢走就好，你會發現自己脫離了恐懼的掌控。

你不必一個人經歷這一切，你有一支啦啦隊站在你這邊。向你的朋友、家人或導師傾訴你的恐懼，說說你的目標，他們的支持和指導會帶來很大的改變。你會發現自己不是唯一一個正在面對恐懼的人，而且你一路上都會得到旁人的鼓勵。

最後，對你自己好一點。想像你給自己一個溫暖的大抱抱。要知道，感到恐懼是再正常不過的事情，別對你自己太嚴苛。就算幅度微小，只要有所進展，你都該對此感到自豪。善待你自己，然後記得，你已經盡你所能地努力了。

43. 我在灰心喪志的時候該怎麼做？

每個人在特定的人生階段，都會感到灰心喪志，就好像在充滿挑戰性的人生旅程，經歷了一段艱辛路途。但當你有這種感覺時，有一些方法可以振奮你的精神，其中一種最有效的工具，就在於你的攝取內容。請把它想成是，能大幅影響你的心態和整體幸福的「健康心靈糧食」。

在你感到灰心喪志時，你都讓自己接觸些什麼樣的人、事、物——對此有所意識，是很重要的關鍵。就像你的身體需要營養，需要有益健康的食物來保持健康一樣，你的心靈也需要積極向上、振奮人心的內容才能活躍起來。讓我們來探索一下，你攝取的內容會如何成為你的動力來源。

首先，想想你都沉浸在什麼類型的內容裡。如果你不斷關注負面新聞，進行悲觀的對話，或瀏覽造成比較心態和負面想法的社群媒體，那難怪你會覺得沮喪。這對你的心靈來說，就好像垃圾食物一樣，這種內容會餵養你的恐懼和焦慮，讓你陷入沮喪的狀態。

你應該反過來，尋找能滋養你的心靈和靈魂的內容，就好像你為了健康飲食，挑選新鮮的蔬菜水果一樣，你也要選擇能鼓舞、激勵你的攝取內容。從書籍、文章或影片裡，多看些關於毅力、勇氣和克服逆境的故事。這些故事就像是你的「健康心靈糧食」，能讓你充滿希望、動力，為你帶來不一樣的視角。

除此之外，你要從持續不斷的串流資訊裡停下來，稍作休息，像是停下腳步深呼吸。在這個數位化的時代，我們每天都遭到過於大量的資訊轟炸。如果你長時間處於噪音之中，可能會導致精神疲勞，並且產生沮喪感。排除噪音，讓你的心靈喘息一下。

冥想、正念練習，還有到大自然走走，都是幫你的精神電池重新充電的好方法。就像你需要睡覺，好讓身體恢復能量一樣，安穩平靜的時光，對你的心靈也有好處，可以幫助你重整思緒，取回正面想法。

此外，仔細思考你現在的人際關係，你的交友圈在情緒健康方面，扮演著關鍵的角色。讓你自己被鼓舞你、支持你的人包圍，就好像身處在一個信賴圈一樣，能提供你鼓勵，傾聽你的心聲，再分享正面的觀點。反過來說，如果你的社交關係充滿負面色彩，那就像把毒素留在你的生活裡。

所以要努力和能啟發你、激勵你的人保持連結。可以參加和你擁有共同興趣跟價值觀的團體或社群。建立一個充滿支持的人際網絡，有助於你在灰心階段得到慰藉。

振奮心態的另一個重要關鍵，在於設定可達成的目標，為自己的旅程畫一張地圖。目標會為你帶來使命感和前進方向，幫助你在情緒低落的時候也能繼續向前。從好處理的微小目標開始，然後逐步面對更大的挑戰。每一次達成的成就，不論有多麼微小，都能提升你的信心和動力。

感恩的心也是一大利器，因為它能照亮你人生積極正向的一面。當你經歷困境時，仍然專注在值得感謝的事物上，就可以改變你的觀點。持續書寫感恩的日記，或是每天花點時間，反思生活中為你帶來喜悅的一切。這是一項簡單的練習，卻可以顯著改善你的心態。

最後，記住這點：如果你持續感到情緒低落、沮喪，去尋求專業協助也沒關係。就像你身體不適會去看醫生一樣，經歷情緒困難時，找心理健康專家求助，也是一個明智的抉擇。這就等同於在身體抱恙時接受正確治療，可以針對你的特定需求，提供應對策略和有效支援。

44. 當我感覺自己不堪負荷時，我該怎麼做？

不堪重負是一種很常見的體驗，每個人都有可能發生這種情況，遇到這種狀況時，制定一個能讓你恢復平衡和冷靜的策略很重要。你可能碰上了暴風雨，但是只要練習自我照顧，再把令人難以承受的情況，分解成幾個好處理的部分，你就可以順利渡過難關。

首先，不堪重負的感受，是面對過多任務和壓力的正常反應——記住這點。就好像你很難一次搬運太多雜貨一樣，試圖一次解決所有事情，也會讓你負擔沉重。這就是自我照顧派上用場的時候了，它就好像你在海面顛簸搖晃時，船錨一般的存在。自我照顧意味著採取行動，好好滋養自己身心靈的健康。

首先，你要給自己喘息的空間。花點時間退後一步，放鬆，然後深呼吸幾次，讓你的神經系統冷靜下來。這個簡單的正念舉動，能幫助你在難以承受的時刻，找回自己的平衡。

接下來，考慮將你無力招架的情況，拆解成更好處裡的小碎塊，把眼前高聳的山，轉化成容易攻頂的幾座小丘陵。當你將巨大可觀的挑戰視作一個整體，它就會看起來難以克服。但是，如果你把它拆解成好幾個小任務，就能讓你重新取回掌控感。

要有效率地做到這點，你可以列出讓你感覺無法負荷的所有細節，把每一項任務、責任，或內心的擔憂寫下來。一旦你將這些想法化為實體，白紙黑字寫下來，它們就不會再讓你心裡發慌。

從中找出最緊急、最重要的任務，然後優先處理它。在你每完成一項任務的同時，在待辦清單上打個勾，營造一股成就感，讓你知道自己有所進展。把任務委託他人，或者尋求協助，這也是一種有用的策略。就像工作團隊會一起努力，達成共同目標一樣，你不必獨自面對這種讓人難以承受的時刻。有需要時，就向朋友、家人或同事尋求支援。

建立行事曆，或者寫下待辦事項，就像是在旅途中擁有詳細的導航路線一樣，可以幫助你保持條理和專注。把你的任務劃分成好處理的幾小份，然後幫每一份都分配好具體的執行時間。你每達成一項任務時，就在列表上做一個完成標記，這會讓你有一股成就感和進步感。

此外，還要進行正念練習，好讓自己腳踏實地。這是讓你在狂風暴雨中，能站穩腳步的船錨。正念練習的內容包括投入當下，不帶任何批判。當你感到不堪負荷時，你的思緒可能會充斥著對未來的擔憂。正念練習可以把你的注意力帶回當下，減輕你的焦慮和壓力。

在一整天裡，短暫地休息幾次，可以讓你恢復能量，重新充電。這些簡短的喘息機會，類似於深吸一口新鮮空氣的效果，可以給你一股煥然一新、頭腦清晰的感覺。利用這些時機來伸展四肢，深呼吸，或快速地散個步。你會訝異地發現，原來這麼短的休息時間，竟然可以達到這種提神醒腦的效果。

做運動，可以讓你像是擺脫了世界的重擔，因為運動有助於釋放腦內啡，一種天然的快樂來源。就算只是短暫的健身或快走一下，都有助於改善你的心情，幫助你重新集中注意力，並且讓頭腦恢復清晰。

最後，你還要練習自我關愛，給你內在的自己一個溫暖的擁抱。要知道，不堪負荷的感受也是人生的一部分，它並不會削弱你的能力或毅力。不要自我批評，或對自己說出負面的話，對你自己友善、溫柔一點。記得你已經很努力了。在你面對難以承受的境況時，自我關愛是能讓你優雅應對的強大工具。

如果你覺得自己快要承受不住了，別忘記，這是一種常見的經歷，你可以透過自我照顧和有用的策略處理這種狀況。花點時間停下來，進行正念練習，分散任務，規劃行程，委託他人，尋求支援，然後從事一些體育活動，有助於你找回自己的平衡，並且以頭腦冷靜清晰的狀態行事。自我關愛是一種溫柔的提醒，能告訴你自己，你在面對挑戰時，已經盡了全力。同時採納這些做法，可以確保你在感到壓力過大時，也不會被擊倒，不會因此掩蓋你成長茁壯的潛力。

45. 我該怎麼找到自己的目標？

尋找真實的目標，就像一段個人的旅程，而這段旅途的起點，往往始於一個深層的問題：我真正想要的是什麼？這個問題深入探究了你最深切的渴望、熱情和價值觀，需要你超越外在壓力和社會期待，直接將重點放在你真實的願望上。

如果要明確找出自己的目標，你可以將0－10原則視為幫你指路的寶貴羅盤。這項法則能幫助你分辨出，哪些才是和你真實的慾望產生深刻共鳴的目標，哪些可能只是曇花一現的興趣，或是外界壓力的產物。

它的運作方式如下：幫你的目標進行0到10的評分。分數接近10的目標，就是和你的價值觀與渴望高度契合，是對你來說最重要的目標。這項法則就好比一張濾網，能幫你幫助在眾多選項和外在期待之中，過濾出對你真正重要的事物。這可以讓你有效排列優先順序，讓你更容易把自己的時間和精力，集中在確實符合你內心深處渴望的目標。

在你使用0－10原則評估自己的目標時，你就能更有效地區分什麼對你來說才是真正有意義的東西，什麼可能只是外在干擾，或是三分鐘熱度的興趣。這就好像從一堆石頭中，仔細篩選出對你而言最有價值的寶石。

將你的目標拆解成更好執行的小步驟，能夠為你帶來更明朗的局面、更清楚的方向。這些步驟就好像指引你通往目標的道路，讓目標感覺更容易實現，不再那麼遙不可及。一路上達成這些小小的里程碑，可以提升你的信心，維持你的動力。

別忘記，你的目標可以隨著你的興趣、價值觀，還有生活環境逐漸改變。你可以在探索未知地帶時，隨時調整自己的行進路線。保持開放心胸，別害怕重新評估和修改你的目標，才能確保它們與你真實的渴望保持一致。

46. 如果我感到孤獨，我該怎麼做？

如果你現在很孤獨，我能理解你的感受。孤獨很難受，承認這點很重要。做為人類，我們都會渴望他人的連結與陪伴，這讓孤獨成為一種很難克服的情緒。但你有沒有想過，一人獨處是不是已經變成了你的舒適圈，還有你是不是自己的好朋友？在你試圖打破孤獨循環，並且重新建立聯繫的時候，這個想法很值得你探索一下。在這段旅途中，關鍵在於脫離舒適圈，而我可以提供你一些行動計畫，給你一些例子，幫助你走過這段路。

1. **認知與反思。**首先承認你感到孤獨，就像在黑暗中照出一道光線，你要理解有時候感到孤獨，是再正常不過的事。接著進行反思，思考獨處是不是已經變成了你的預設選項，判斷這是有意識的選擇，還是逐漸演變而來？

找出導致孤獨感的根本原因，就是處理你的孤獨感的第一步。

2. 設立可達成的目標。就像你可能會在規劃公路旅行時，設定停靠目的地一樣，你也要為了建立社交聯繫，設定一些實際的目標。這些目標可以很簡單，像是每個月出席一場社交活動，或是每週聯絡一位老朋友。這些實際的目標，可以確保你不會讓自己難以承受，並且製造不必要的壓力。

3. 擁抱不適。要擺脫孤獨，就需要踏出你的舒適圈，因為你正在冒險探索一個未知地帶。勇於挑戰開啟對話、參加聚會，或者嘗試你感興趣的新活動。若想建立新的連結，擴展你的交友圈，踏出舒適圈對你來說就非常重要。

4. 練習自我關愛。像當別人的好朋友一樣，當你自己的好朋友。善待你自己，理解你自己，好好撫慰你的心靈，孤獨可以永無止境地持續下去，但自我關愛有助於打破這個循環。記住，偶爾感到孤獨是沒關係的，這無損於你的價值。

5. 保持耐心。與他人建立有意義的連結，會需要花上一點時間，就像等待植物生長一樣。對你自己和整個過程有點耐心，不是每一段互動關係都可以導向深刻的友誼，但你付出的每一點努力，都是朝重建連結的目標邁出的一步。給你自己一點時間和空間，用你自己的步調，好好發展人際關係。

6. 有需要時，尋求專家協助。如果孤獨嚴重影響了你的心理和情緒健康，不要猶豫，去尋找專業的建議。治療師和諮商師可以提供寶貴的支援和策略，幫助你處理孤獨感，還有其他伴隨而來的挑戰。

孤獨感是很棘手的情緒，影響著每一個人。如果你發現一人獨處已經成了你的舒適圈，那就是時候採取行動，重新接觸他人了。別忘記，身為人類，我們都渴望著他人的連結與陪伴。要打破孤獨的循環，第一步就是踏出你的舒適圈，和老朋友重新取得聯繫，加入團體、俱樂部或志工活動，並且參與線上社群。你的行動計畫，結合了自我反思、實際目標，還有自我關愛，有助於你重建聯繫，建立更充實的社交生活。

47. 我要怎麼變得更有自信？

你的自信心很重要。這不只是一種感覺，還可以從你的人際關係到職涯成功，對你的人生產生重大影響。如果你好奇要如何變得更有自信，你不會是唯一一個想知道這件事的人。自信心不是與生俱來，而是你可以培育和養成的東西。在這裡，我們要探索一種蒐集成功的方法——從最小的成就開始，然後逐步提升標準。隨著時間的推移，這個過程可以幫助你的自信心開花結果。

擁抱微小成功。自信心不是一天養成的，它始於微小的成功，就像將種子播種到肥沃的土壤裡。首先要承認你的成就，不管它們看起來有多麼微不足道。你完成了一項工作任務，不管看起來有多微小，你還是達到了一個個人目標，這些都是值得認可的。

寫一本成功日記。考慮寫本成功日記，固定記錄你旅途中的里程碑，不論是工作相關、個人相關，甚至是你踏出舒適圈的時刻，把這些成就都寫下來。當你看到白紙黑字寫下的成就，你的自信心會受到激發，文字記錄能提醒你你擁有哪些能力。

成功是自信心的強大建築師。它是將你的自我肯定推向全新高度的燃料，就算你只是在最小的任務裡取得了成功，它對你的自信心也有著深遠的影響。在這裡，我們要探討成功是如何培養自信，從最微小的成就，逐漸發展到更重要的成就。

每一次的成功，不論有多微小，都會起到墊腳石的作用，讓你在這段旅途中變得更有自信。這些成就證明了你可以克服挑戰、達成目標。它們為你的能力提供了有力證據。例如，完成一項工作任務，達到一個個人目標，甚至是成功踏出舒適圈，這些看似微小的每個時刻，都代表著你的一次勝利。

隨著每一個小小的成功，你的自信心會得到成長。這些時刻會變成基石，在你逐漸累積的同時，讓你的自信心向下生根、擴展。就像建築師為摩天大樓打下堅實的地基一樣，你也透過自己的成就，為自我肯定奠定了基礎。

隨著你的自信心逐步成長，你會發現自己更願意接下更大的挑戰。小型任務裡取得的成功，會鼓勵你承擔更重要的責任，就像爬梯子一樣，每一階都代表著一項成就，將你的自信心提升到更高的水平。

除此之外，成功還會給你勇氣去挑戰自己，超越舒適圈。當你體驗到實現目標的滿足感時，你會變得更願意突破自己的界限。就像展翅高飛，探索未知領域，隨著你每征服一個新的挑戰，你的自信心都會向前大大躍進。

在這趟建立自信心的旅程裡，每一次的成功都是對你自身成長的驗證，成功不僅能增強自信，還會增強韌性。它們教會你，挫折也是旅程的一部分，還有即使遭遇困難，它們也不會動搖自信心，而是成為寶貴的教訓。你的成功會變成動力的泉源，提醒你過去的成就，和對未來成功的潛能。

48. 我要怎麼在一天之中找到更多時間？

啊，就是這個問題，當初讓我開始尋找幫助自己的方法，而這最終也幫助了別人。事實是，時間是有限的，我們也是。我們無法在一天之中「找到」更多時間，但我們可以善用時間，專注在對我們來說真正重要的目標和任務上，然後放棄更小的事情，對2、3分等級的事物放手。

時間是一種不可再生能源，時間不像任何其他資源，一旦消耗掉，就永遠不見了。這就是為什麼，把握每分每秒這麼重要。想想這個比喻：就好像明智的消費者，會對自己的預算作出最划算的分配一樣，一個明智的人，也該懂得充分運用自己的時間。

找出浪費時間的習慣。要在一天之中完成更多事情，找出浪費時間的習慣，好好處理它們就很重要。浪費時間的習慣就像是隱藏的小偷，總是在你不知不覺中，把你寶貴的時間都偷走，例如過度沉迷社群媒體。社群媒體可以是一個很大的時間小偷，無腦滑過一則又一則的貼文，看著無止境的影片，或跟上當下熱門的網路議題——這些每天都可以消耗你好幾個小時的時間。

拖延則是另一個浪費時間的罪魁禍首。把任務延後處理或逃避，都可能導致你累積大量工作，造成壓力和工作效率低落。

思考同時處理多件事情的利弊。雖然同時做很多件事，可能感覺很節省時間，但這樣做往往會導致工作品質不如預期，降低事情的完成速度。在不同事項來回切換，可能會降低你的生產力和專注力。

把時間分配給你的個人事務。就像在規劃財務預算一樣，你也要把一天的時間分配給你的私事、嗜好和休閒娛樂。照顧你的個人幸福，對於維持平衡和生產力相當重要。

了解休養時期的重要性。休養時期不是在浪費時間，休養生息跟恢復能量都很必要。把這想成是在幫自己的電池重新充電，能讓你在回歸工作時，變得更有效率。

學會說「不」的力量。這是一項不可或缺的技能，可以在你的時間周圍建造一層防護罩。禮貌拒絕和你的優先事項並不符合的事務很重要，這樣才能確保你把一天的時間，都集中用在真正重要的事物上。

承認科技的作用。科技既能節省時間，也可以浪費時間。你可以藉由生產力工具和應用程式簡化工作，設置提醒功能，並且更有效率地管理時間。不過同時也要小心，科技可能會帶來電子產品的干擾。

了解外界干擾的影響。把你環境裡的干擾因素降到最低，例如信件通知、手機來電的干擾，或過分凌亂的工作空間，都有可能妨礙你的工作流程。創造一個干擾因素降到最低的工作空間，可以使你全心專注在自己的事務。

實施有效的時間管理。使用時間管理的技巧，例如番茄工作法，也就是每專心一段固定的時間，就短暫休息一下。這種做法可以提升你的生產力，幫助你在更短的時間內，完成更多的事情。

體會委託他人的力量。你要意識到，自己可以把任務委託給別人進行。把工作委託給別人，就是分擔給你信任的同事，或者小組成員，能幫助你節省時間，讓你專心處理你的核心職責。

在一天之中找到更多時間，並不是把時間延長的魔法，而是最佳化你的時間運用。

49. 我要怎麼不再把自己放在最後？

把自己放在最後面，通常來自很多種因素，了解其中的根本原因，則是改變現況的一大關鍵。這種行為模式可能會對你的成功跟未來造成傷害，必須妥善處理和克服。以下我們將探索你把自己放在最後的原因，還有你為什麼需要為了自己的成功和幸福戒掉這個習慣。

自我犧牲。很多人把自己放在最後，是因為他們習慣優先考慮別人，這通常始於童年，那時可能有人教過你，說照顧自己的需求是自私的。但雖然照顧別人是值得讚揚的事情，持續犧牲自己的需求，卻有可能導致過勞，進而阻礙你長期的成功。若想成功，就需要在照顧他人與照顧自己之間取得平衡。

害怕遭到排斥或批判。被別人排斥或批判的恐懼，可能導致你養成把自己放在最後的習慣，你可能擔心要是優先滿足自己的需求，別人就會認為你自私或不體貼。然而，你需要明白，照顧自己並不代表自私，而是自我保護和成功的必要面向。

缺乏自我價值感。低自尊和缺乏自我價值感，可能會導致你把自己放在最後，你可能會不相信，自己的需求和幸福跟別人的需求和幸福一樣重要。為了取得成功，你必須認可你的自我價值，並且明白你值得受到照顧與關注。

過度承諾。過多的承諾和義務，會讓你沒有時間留給自己。如果同時承擔許多責任，就會感覺你別無選擇，只好把自己擺到最後。但是過度承諾可能會阻礙你的成功，讓你分身乏術、效率降低。

完美主義。完美主義會讓你在努力達成不可能的高標準時，不斷把自己的優先順序往後排。對完美的追求，可能會癱瘓你的注意力，妨礙你專注在自己的目標和健康上。想要獲得成功，往往需要接受不完美，並且設定更現實的期待。

守護界限的挑戰。設定界限和維持界限的困難，會導致你一直把自己放在最後。當你無法拒絕他人，或堅持自己的底線時，你會發現你被不符合自己目標的大量承諾淹沒。因此設定界限至關重要，能讓你在不犧牲自身幸福的前提下取得成功。

缺乏自我照顧。忽略自我照顧，是你不斷將自己的優先順序往後排的常見原因。成功和你的身心健康有著緊密關聯。忽視自我照顧可能會導致身心俱疲，對你未來的成功造成長期的負面影響。

目光短淺。有時候，你把自己放在最後的原因，在於你的目光短淺。你可能專注在眼前的需求，因而忽略了長期自我投資的重要性。若想取得持久的成功，眼光就需要超越現在，考慮到你的選擇會對自己的未來造成什麼影響。

榜樣模仿與文化影響。他人的榜樣和文化的影響，都有可能形塑你的行為舉止。如果你成長過程中的學習榜樣，總是以自己的幸福為代價，優先考慮其他人，那你就有可能不自覺採取相似的行為模式。你需要重新評估這會造成什麼影響，並且反思它們是否符合你個人的價值觀與目標。

害怕失敗。對失敗的恐懼，可能會讓你為了避免任何可預見的失敗，因此過度承諾，而把自己排到最後面。取得成功的條件，往往包括承擔計算過的風險，還有從挫折中學習。把你的幸福和自我照顧的優先順序往前排，可以讓你培養出面對挑戰，往目標向前邁進所需的韌性。

打破這種行為規律的第一步，就是搞清楚你為何把自己放在最後。不斷犧牲自己的需求，可能會阻撓你的長期成功——了解這點也是一大關鍵。想要取得平衡的生活方式，在照顧他人的同時，仍然培養自己的幸福，那像是自我犧牲、害怕被人排斥，還有缺乏自我價值感——處理這些根本的原因就很重要。成功是一種和諧平衡的結果，需要兼顧自我照顧、界限設定，還有重視自己未來成就的長遠目光。

50. 如果我想做出改變卻搞砸了，那該怎麼辦？

當你試圖在生活中做出一點積極的改變時，遭遇挫折可能會使你灰心喪志。但是挫折是你必經的過程——知道這點很重要。在你想要建立新的習慣，或是嘗試新的做事方法時，一定要記住，有意義的改變並不會在一夕之間馬上出現。有一項眾所周知的習慣養成原則表示，你需要大約一個月的持續練習，才能創造出新的習慣，在你大腦建立起新的神經傳導路徑。所以如果你發現自己的改變計畫失敗了，不要失去希望。你反而應該考慮回到起點，承諾在未來三十天內，持續重複這個新的動作。

習慣是你根深柢固的模式，經由長時間的累積而成。這些模式烙印在你大腦裡的神經傳導路徑上，改變它們則需要重新調整大腦，讓它採取新的行為模式。這是一項重大任務，需要你保持耐心和全心投入。

在你連續三十天，全心投入建立一個新的習慣或做事方法時，這個做法真正了不起的地方在於，它提供了你一種目標明確又有系統的方式，能為你帶來持久的改變。你有了確定的時間範圍，在這段時間內，便可以專心投入養成習慣的關鍵要素：重複性和持續性。回歸起點，就好像在重置進度一樣，再花三十天的時間做出你渴望的改變。這是強化新習慣的好機會，能讓它成為你日常生活的一環。

改變的過程可能困難重重，途中的挫折更是無法避免。沿路走來跌跌撞撞都是很正常的事情，重要的是，不要把這些磕碰視為失敗，而要將它看作成長與學習的機會。每次當你採取新的行為時，就算遭遇了偶然的挫折，你也都在強化這項動作的神經傳導路徑。每一天的練習，都會引領你朝目標更進一步。

努力不懈是這個過程裡的核心關鍵。連續三十天，每天同個時間堅持做出同樣的行為，就是在向你的大腦傳遞信號，告訴它這個新的習慣有多重要，強調這個改變是你目前人生的第一要務。隨著時間推進，這條神經傳導路徑會變得更加堅實、完善，新的行為模式就會成為你的處事方法，還有你這個人本身不可或缺的一部分。

承諾在三十天內養成一個新的習慣或做事方法，就意味著你要將這個有意義的改變視為一場旅程。這是對於你的決心的證明，也是對你自己的承諾。在這個過程裡，你也許會遭遇懷疑或挫折的時刻，但這些都是學習體驗不可或缺的面向，可以幫助你更深入地了解自己，並且得到做出改變的能力。

記住這點：你知道怎麼騎改變的腳踏車，所以就算你搞砸了，你還是可以馬上爬起來。用三十天的時間培養一個新的習慣或做事方法，是能為你的生活帶來正向改變的強大工具。這提供了你一個有系統、經過驗證的方式，讓你建立起新的習慣，並把這些新習慣鞏固成日常生活的組成要素。當你在改變的路上，遭遇了挫折或猶豫時，不要陷入絕望。相反地，你要把它們視為重新開始的機會，重新許下作出改變的承諾。只要全心全意持續投入這個養成新習慣的承諾，你就是在給自己一個最佳機會，讓你能夠實現持久的改變，用有意義的方式改善你的生活。

我相信人類心智的力量——一旦你學會如何以不同的方法得到不一樣的

結果，你一定能達成驚人的事情。我相信創造人生、形塑未來，並且掌控一切的能力。不過最重要的是，我相信你。現在你知道如何加入6％的行列，已經準備好開啟人生的下個篇章。這會是趟奇妙的旅程。我為你感到興奮。

獻辭

DEDICATION

我要將全世界的愛獻給我的孩子——羅伊（Roey）、艾比（Abby）和蜜雅（Mia），是你們讓我每天都想努力做得更好、成為更好的人。也謝謝我出色的團隊，凡事都有你們做我最得力的左右手。

國家圖書館出版品預行編目資料

6%俱樂部：贏過94%人的高效能實證法則 / 蜜雪兒・羅森 著；陸澤昕 譯 --初版.--臺北市：平安文化, 2025.9 面；公分. --(平安叢書；第864種)(邁向成功；109)
譯自：The 6% Club: Unlock the Secret to Achieving Any Goal and Thriving in Business and Life
ISBN 978-626-7650-73-8 (平裝)

1.CST: 自我實現 2.CST: 職場成功法

177.2 114010970

平安叢書第0864種

邁向成功叢書 109

6%俱樂部

贏過94%人的高效能實證法則

The 6% Club: Unlock the Secret to Achieving Any Goal and Thriving in Business and Life

作　　者—蜜雪兒・羅森
譯　　者—陸澤昕
發 行 人—平　雲
出版發行—平安文化有限公司
台北市敦化北路120巷50號
電話◎02-27168888
郵撥帳號◎18420815號
皇冠出版社(香港)有限公司
香港銅鑼灣道180號百樂商業中心
19字樓1903室
電話◎2529-1778　傳真◎2527-0904
總 編 輯—許婷婷
副總編輯—平　靜
責任編輯—蔡維鋼
行銷企劃—薛晴方
美術設計—兒日設計、李偉涵
著作完成日期—2024年
初版一刷日期—2025年9月

法律顧問—王惠光律師

讀者服務傳真專線◎02-27150507
電腦編號◎368109
ISBN◎978-626-7650-73-8
Printed in Taiwan
本書定價◎新台幣420元/港幣140元